COLLEZIONE HEINDEL

Della stessa collezione:

Cosmogonia dei Rosa-Croce – *Max Heindel.*
Misteri della Rosa-Croce - *Max Heindel.*
Framassoneria e Cattolicesimo - *Max Heindel.*
Il Cielo sopra Natale - *Max Heindel.*
Il Messaggio delle Stelle - *Max Heindel.*
La Pasqua nell'Esoterismo d'Occidente - *Max Heindel.*
La Reincarnazione secondo il pensiero Rosacrociano - *M Heindel.*
Le Entità dei Mondi Invisibili - *Max Heindel.*
Astrodiagnosi - *Max Heindel.*
Filosofia Rosacroce - Vol.1 e Vol. 2 - *Max Heindel.*
Salute e Guarigione - *Max Heindel.*
Lettere agli Studenti - *Max Heindel.*
Iniziazione antica e moderna - *Max Heindel.*
La Trama del Destino - *Max Heindel.*
Misteri delle Grandi Opere - *Max Heindel.*
Insegnamenti di un Iniziato - Vol.1 e Vol. 2 - *Max Heindel.*

Richiedere catalogo a:
Jupiter Press Edizioni
Via Carlo Pisacane, 17
56017 San Giuliano Terme-Pisa.

e-mail: segreteria@jupiter-press.it
sito internet: www.jupiter-press.it

MAX HEINDEL

MISTERI DELLA ROSA-CROCE

edizione riveduta e corretta

♃ Jupiter Press

Traduzione dal francese a cura di Paolo Parenti

Via Carlo Pisacane, 17
56017 San Giuliano Terme, Pisa

sito internet: www.jupiter-press.it
e-mail: segreteria@jupiter-press.it

Codice ISBN: 979-12-80216-02-1

NOTA DELL'EDIZIONE

Max Heindel, mistico e chiaroveggente, fondatore della "Fraternità Rosocrociana" è vissuto tra la fine del secolo scorso e l'inizio di questo secolo, ed ha lasciato una notevole quantità di insegnamenti e di informazioni occulte che risultano indispensabili alla conoscenza dell'uomo di oggi.
È certo che attraverso i suoi scritti i Rosa-Croce hanno parlato al mondo.

Quest'opera è stata dettata direttamente dall'autore ad una stenografa mentre lui stesso la componeva, dopo un periodo di convalescenza dovuto a disturbi cardiaci. Contiene il frutto di ricerche personali da lui stesso sperimentate con le sue facoltà spirituali.

Siamo lieti di riproporla al lettore in una nuova edizione rivista e corretta.

Sommario

Capitolo I

L'ORDINE ROSACROCE E LA FRATELLANZA ROSACROCIANA

Suo messaggio e sua missione:

UNA MENTE SERENA
UN CUORE SENSIBILE
UN CORPO SANO

Prima di intraprendere lo studio degli insegnamenti rosacrociani è necessario dire qualche parola sul loro ruolo nell'evoluzione dell'uomo.

Per ragioni che verranno spiegate in seguito, questi insegnamenti sono fondamentalmente dualistici. Essi sostengono che l'uomo è uno spirito che racchiude in sé tutti i poteri divini, come il seme racchiude in sé la pianta. Questi poteri si sviluppano lentamente mediante una serie di esistenze successive in un corpo terrestre che a poco a poco si perfeziona. Il processo di sviluppo si compie sotto la direzione di esseri sublimi che dirigono ancora i nostri passi, ma in modo decrescente via via che si acquisiscono e si sviluppano l'intelligenza e la volontà. Sebbene questi esseri siano invisibili agli occhi degli uomini, essi interagiscono potentemente in tutti gli avvenimenti della vita e impartiscono ai diversi gruppi umani degli insegnamenti che favoriscono con efficacia la crescita dei loro poteri spirituali. Si può paragonare la terra a una grande scuola che riunisce allievi di ogni età e di ogni capacità. Vediamo i primitivi vivere in condizioni miserabili, adorando Dio sotto forma di un pezzo di legno o di una pietra. Poi, mentre l'uomo avanza e sale i gradini della civilizzazione, la sua concezione della divinità si innalza. Nel nostro mondo occidentale essa ha trovato sbocco nella religione cristiana, che ci trasmette l'ispirazione spirituale e ci spinge a diventare migliori.

Queste diverse religioni sono state date a ciascun gruppo umano da grandi Esseri che la religione cristiana chiama "Angeli di Giustizia". Grazie alla loro meravigliosa facoltà di previsione, essi possono anticipare la direzione che la mente umana, così instabile, intraprenderà. Questo permette loro di determinare la migliore via per il nostro sviluppo spirituale e per condurci alle sommità del bene universale.

Studiando la storia antica, apprendiamo che verso l'anno 600 a.C., una grande corrente spirituale sorse sulle rive orientali dell'Oceano Pacifico, ove la religione di Confucio accelerò il progresso del popolo cinese. Successivamente la religione di Buddha riunì milioni di fedeli in India. Più lontano, verso Ovest, la profonda filosofia di Pitagora fece la sua apparizione. Ogni sistema era adatto ai bisogni del popolo al quale veniva dato. Venne poi il periodo degli scettici, in Grecia e più tardi, la stessa corrente spirituale diffondendosi verso Ovest, si manifestò nella religione cristiana, durante quella che si chiama "L'Età dell'Oscurantismo", quando il dogma di una Chiesa dominatrice costrinse l'Europa ad una sola credenza.

Un periodo di incredulo materialismo segue sempre ad un'ondata di risveglio spirituale; è una legge universale. Ciascuna di queste fasi è destinata a fornire allo spirito un uguale sviluppo del cuore e della mente, senza spingerlo troppo lontano nell'una o nell'altra direzione. I sublimi esseri che vegliano sul nostro progresso si preoccupano sempre di proteggere l'umanità contro questo pericolo. Così, quando previdero l'ondata di materialismo che ebbe inizio nel sedicesimo secolo con la nascita della scienza moderna, presero delle misure per proteggere l'Occidente, come avevano precedentemente salvaguardato l'Oriente dagli scettici tenendolo al riparo con le Scuole dei Misteri.

Nel secolo tredicesimo apparve un grande istruttore

spirituale il cui nome simbolico era:

Christian Rosenkreuz
o
(Il) Cristiano (con la) Rosa (e con la) Croce

Egli fondò l'Ordine misterioso della Rosa-Croce, del quale l'umanità conosce ben poco, e sul quale sono state fatte soltanto delle congetture. Questa Scuola Occidentale dei Misteri, viene aperta solo a coloro che raggiungono il grado di sviluppo necessario per essere iniziati ai segreti riguardanti la conoscenza della vita e dell'essere.

Quando il grado di sviluppo consente di abbandonare il corpo fisico e di intraprendere il volo dell'anima negli spazi interplanetari, constatiamo che l'atomo fisico è sferico, proprio come la terra e somiglia a una palla. Se riuniamo un certo numero di biglie della stessa dimensione attorno ad una sola, constatiamo che ne occorrono dodici per nascondere la tredicesima in mezzo alle altre. Così le dodici palle visibili e quella che è nascosta rivelano una legge cosmica. Tutti gli Ordini dei Misteri sono basati su dati cosmici e composti di dodici membri che circondano il tredicesimo che è il capo invisibile.

Sette colori formano lo spettro solare: rosso, arancio, giallo, verde, azzurro, indaco e viola; tra il viola e il rosso esistono cinque colori invisibili all'occhio fisico, ma in grado di manifestarsi alla vista spirituale. In ogni Ordine dei Misteri sono presenti sette fratelli che, a un certo punto si manifestano nel mondo e compiono il lavoro necessario per favorire il progresso dei gruppi umani tra i quali svolgono la loro opera di servizio. Cinque dei dodici Fratelli non escono mai dal Tempio e il loro insegnamento si rivolge infatti a coloro che, dopo aver superato alcuni stadi di sviluppo spirituale, sono capaci di recarsi al Tempio per mezzo del loro corpo spirituale. Questo esercizio si apprende durante la prima Iniziazione, che di solito avviene fuori dal Tempio, data la difficoltà di accedervi fisicamente.

Il lettore non deve immaginarsi che l'iniziazione trasformi automaticamente l'allievo in un Rosa-Croce, poiché non è così. L'ammissione in una scuola superiore non fa di un giovane studente un membro della Facoltà. Egli non diventa un Rosa-Croce nemmeno dopo aver passato i nove gradi di una Scuola di Misteri, i Rosa-Croce infatti sono Ierofanti dei Misteri Minori. Esistono scuole dove vengono insegnati i Misteri Maggiori. Gli allievi, che dopo aver appreso i Misteri Minori, seguono i Misteri Maggiori sono chiamati "Adepti". Come uno studente del primo anno d'università non può aspirare al sapere e alla competenza del professore così un Adepto non raggiunge l'alta posizione dei dodici fratelli dell'Ordine Rosacroce, né degli Ierofanti di qualsiasi Ordine dei Misteri Minori.

Un'altra opera sarà interamente dedicata all'iniziazione, ma possiamo sin da ora affermare che la porta di un'autentica Scuola di Misteri non si apre con una chiave d'oro. L'iniziazione non è che la ricompensa di servizi meritori resi all'umanità e chiunque faccia pagare i propri insegnamenti e pretenda di essere un Rosa-Croce, dà prova di essere solo un ciarlatano. Il vero allievo di una Scuola di Misteri è troppo modesto per vantarsene. Disdegna ogni titolo ed ogni onore proveniente dagli uomini e non ha alcuna considerazione per la ricchezza, salvo per quella dell'amore che gli donano coloro che egli ha il privilegio di aiutare e di istruire.

Durante i secoli che hanno seguito la formazione dell'Ordine Rosa-Croce, i Fratelli hanno lavorato con discrezione e in segreto, allo scopo di modellare il pensiero dell'Europa Occidentale, dai lavori di Paracelso, Boehme, Bacone, Shakespeare, Fludd e altri. Ogni notte a mezzanotte, quando le attività fisiche della giornata sono al punto più basso e gli impulsi spirituali raggiungono il culmine, essi emanano dal loro Tempio delle vibrazioni che spronano l'anima a reagire contro il materialismo e favoriscono lo sviluppo dei poteri dell'anima. Dobbiamo alla loro attività la spiritualizzazione progressiva della nostra scienza, fino ad ora così materialista.

All'inizio del ventesimo secolo, un nuovo passo fu compiuto. Ci si rese conto che occorreva trovare un mezzo per avvicinare la religione alla scienza e viceversa perché potessero finalmente unirsi e colmare la ancora attuale dissociazione tra cuore e intelletto. Istintivamente il cuore sente la verità degli insegnamenti religiosi sui misteri sublimi come l'Immacolata Concezione (la nascita mistica), la Crocifissione (la morte mistica), la purificazione attraverso il sangue del Cristo, la Redenzione e altri dogmi della Chiesa ai quali però la ragione rifiuta di credere perché non possono essere dimostrati e appaiono contrari alle leggi naturali. Il progresso materiale può essere realizzato quando l'intelletto domina, anche se le aspirazioni del cuore non sono soddisfatte, ma la crescita spirituale subirà un ritardo inevitabile fino a che il cuore non riceverà uguale soddisfazione.

Perciò occorreva trovare e istruire un messaggero per dare al mondo un insegnamento che soddisfacesse contemporaneamente cuore e mente. Furono richieste delle condizioni insolite, ma la prima persona prescelta, nonostante anni di preparazione in vista dell'opera da compiere, fallì quando si trovò di fronte ad una certa prova.

Si dice, giustamente, che c'è un tempo per seminare e un tempo per raccogliere e alcuni periodi sono più propizi per compiere certe azioni rispetto ad altri. Secondo questa legge di periodicità, ogni impulso nell'elevazione spirituale, per essere coronato da successo, deve essere dato in un momento ben determinato. La prima e la sesta decade di ogni secolo sono particolarmente favorevoli alla diffusione di nuovi insegnamenti spirituali, per questo motivo la sconfitta preoccupò i Fratelli della Rosa-Croce, dato che rimanevano soltanto gli ultimi cinque anni della prima decade del ventesimo secolo.

La seconda scelta di un messaggero cadde sull'autore,

sebbene egli non ne avesse nessuna consapevolezza. I Fratelli della Rosa-Croce fecero in modo che avesse la possibilità di iniziare un periodo di preparazione per il lavoro che ci si attendeva da lui. Tre anni più tardi, in occasione di un viaggio in Germania, dovuto ancora all'attività della Fraternità invisibile, egli raggiunse il culmine della disperazione: la luce che egli credeva di aver trovato laggiù non era che un fuoco fatuo. I Fratelli della Rosa-Croce allora lo misero alla prova per assicurarsi che sarebbe stato un fedele messaggero e avrebbe dato al mondo gli insegnamenti che essi desideravano trasmettere. Quando ebbe superato questa prova, gli affidarono la monumentale soluzione del problema dell'esistenza che egli pubblicò per la prima volta nella *Cosmogonia dei Rosacroce* nel novembre del 1909, un anno prima della fine della prima decade del ventesimo secolo. Questo libro segna una nuova epoca nella storia della letteratura e le numerose edizioni che sono state pubblicate, come pure le migliaia di lettere indirizzate all'autore, sono testimonianze viventi del fatto che i lettori trovano in questi insegnamenti una soddisfazione che da lungo tempo e vanamente avevano cercato altrove.

I Rosa-Croce insegnano che tutte le grandi religioni furono affidate ai popoli da intelligenze divine che istituirono ciascun culto secondo le necessità della razza o della nazione alla quale era destinato. Un popolo primitivo non può rispondere ad una religione elevata e sublime, e viceversa. Un sistema religioso o filosofico può aiutare un popolo a progredire e intralciare il progresso di un altro; secondo questo principio è stato creato un metodo di sviluppo spirituale particolarmente adatto ai popoli dell'Occidente che, per la loro costituzione e per il loro temperamento, non sono in grado di sopportare la disciplina della Scuola Orientale destinata ai meno progrediti Indù.

LA FRATERNITÁ ROSACROCIANA

La Fraternità Rosacrociana è stata fondata nel 1909 per diffondere gli insegnamenti rosacrociani nel mondo occidentale. È messaggera della Età dell'Acquario che arriverà quando il Sole entrerà, per precessione, in questa costellazione, facendo germogliare nell'uomo le facoltà intellettive e spirituali simbolizzate dall'Acquario. Come il fuoco spande il calore sugli oggetti posti entro la sua sfera di radiazione, così il raggio dell'Acquario eleverà le vibrazioni della terra a un tasso vibratorio che sfugge alla nostra comprensione attuale, sebbene si abbia una prova tangibile di questa forza nelle invenzioni che hanno rivoluzionato la vita dell'attuale generazione. Possiamo vedere l'interno del corpo umano grazie ai raggi X, e la cosa ci stupisce, ma possediamo tutti un senso latente che, una volta sviluppato, consentirà di vedere attraverso tutti i corpi ed a tutte le distanze. L'invenzione del telefono, che trasmette la voce da una parte all'altra del mondo, ci meraviglia, ma abbiamo tutti allo stato latente una capacità di espressione della parola e un senso dell'udito ben più acuti. Le imprese dei sottomarini e degli aerei ci confondono, tuttavia siamo capaci di passare nelle profondità delle acque e di salire nei cieli. Inoltre, se sappiamo come fare, possiamo attraversare senza danno il fuoco, e la rapidità della folgore non è nulla se paragonata alla velocità con la quale possiamo viaggiare. Tutto questo, come i romanzi di Giulio Verne del secolo scorso, somiglia a un racconto di fate. L'Era dell'Acquario vedrà la realizzazione di tutti questi sogni e di ben altro ancora che non possiamo neppure immaginare. Queste facoltà saranno prerogativa di un grande numero di esseri, che le avranno sviluppate, come noi abbiamo gradualmente perfezionato le facoltà di camminare, parlare, udire e vedere.

Questa evoluzione comporta un grande pericolo, se infatti colui che detiene questi poteri non è animato da uno spirito di fratellanza e di altruismo, può fare cattivo uso delle sue facoltà, usandole a detrimento dei suoi simili. Per questa ragione, oggi più che mai, la religione è necessaria per diffondere nell'umanità amore e compassione in modo che gli uomini siano preparati a impiegare saggiamente il dono che possiedono a loro insaputa. L'esigenza di aderire ad una religione è avvertita soprattutto da coloro che presentano l'etere poco legato agli atomi fisici, sono proprio questi soggetti a sentire per primi le vibrazioni dell'Era dell'Acquario.

Si può dividerli in due gruppi. Nel primo caso è la mente che domina: gli individui che fanno parte di questo primo gruppo cercano di cogliere i misteri spirituali e soddisfare la curiosità da un punto di vista razionale e inevitabilmente freddo. Per essi la conoscenza è fine a se stessa e ne percorrono il sentiero senza neppure concepire l'idea che questa conoscenza è valida soltanto se messa in pratica in modo costruttivo. Noi li definiamo *occultisti*.

Gli appartenenti al secondo gruppo non cercano la conoscenza, ma ascoltano il richiamo interiore di Dio. Camminano sul sentiero della consacrazione verso un'ideale sublime di cui il Cristo è l'esempio, e lo imitano il più possibile. Alla fine del cammino essi raggiungeranno un'illuminazione interiore che va al di là della semplice conoscenza acquisita dagli occultisti. Noi li definiamo *mistici*.

Entrambe le categorie sono esposte a pericoli. Se l'occultista ottiene l'illuminazione e sviluppa in sé le facoltà spirituali latenti, può usarle per la realizzazione di scopi personali a detrimento di altri. Queste forme di magia nera e la punizione che esse *automaticamente* comportano sono così terribili che è meglio non parlarne. Il mistico può, per ignoranza, ugualmente deviare e andare contro le leggi di natura, ma poiché è guidato dall'amore, i suoi errori non saranno mai troppo gravi. Più cresce nella grazia, più ascolterà distintamente la voce silenziosa che parla al suo cuore e gli indica il cammino.

La Fraternità Rosacrociana lavora per preparare il mondo,

ma soprattutto i sensitivi dei due gruppi, per risvegliare nell'uomo i poteri latenti affinché tutti siano guidati nelle prove e spinti a fare buon uso delle nuove facoltà. L'obiettivo è quello di unire l'amore, senza il quale - come scriveva San Paolo - la conoscenza dei misteri è priva di valore, alla conoscenza mistica, perché basata sull'amore essa possa trasformare gli allievi della Scuola Occidentale di Saggezza in esempi *viventi* di questa duplice scienza dell'anima, in grado di trasmettere all'umanità le virtù necessarie per acquisire senza pericolo i poteri superiori.

Capitolo II

IL PROBLEMA DELLA VITA E LA SUA SOLUZIONE

Alla fine di tutte le vicissitudini dell'esistenza che variano secondo l'esperienza individuale, presto o tardi sopraggiunge un avvenimento: la morte! Poco importa la situazione, se la vita trascorsa è stata degna di lode o no, se grandi successi hanno segnato il nostro passaggio fra gli uomini, se la salute o la malattia hanno rappresentato la nostra sorte, se siamo stati celebri e circondati da amici e da ammirazione o se abbiamo camminato sconosciuti negli anni della nostra vita. Viene il momento in cui soli, davanti alle porte della morte, siamo costretti a fare il grande salto nel buio.

Chiunque rifletta sulla morte non può fare a meno di porsi domande sul senso di questa partenza e su ciò che si trova al di là. Durante gli anni della giovinezza e della buona salute, quando la barca della vita naviga su un mare calmo, quando tutto sembra bello e splendente, possiamo facilmente respingere questo pensiero, ma alla fine arriva il momento in cui il problema della vita e della morte si presenta alla nostra coscienza e non può essere trascurato. Non ci sarebbe alcun vantaggio ad accettare senza riflettere e con fede cieca una soluzione affrettata fornitaci dall'esterno, perché questo è un problema fondamentale e ciascuno deve trovare la soluzione da sé per essere completamente soddisfatto.

All'estremità orientale del deserto del Sahara si erge la Sfinge, celebre nel mondo intero. Il suo viso impenetrabile volto verso oriente saluta eternamente il sorgere del sole, messaggero di un nuovo giorno. Secondo il mito greco, questo mostro proponeva un enigma ad ogni viaggiatore e divorava coloro che non riuscivano a risolverlo. Ma quando Edipo fornì la risoluzione del problema, il mostro si distrusse da sé.

L'enigma posto riguardava la vita e la morte, un quesito ancora oggi attuale, che ciascuno deve risolvere per non essere divorato dal pensiero della morte. Ma colui che trova la soluzione scopre che in realtà la morte non esiste e che si tratta di un cambiamento, di un passaggio da uno stato a un altro "dell'esistenza". Così per l'uomo che ha trovato la vera soluzione dell'enigma, la sfinge della morte ha cessato di esistere. Egli può urlare questo trionfale grido: "Oh, morte, dov'è il tuo dardo? Oh, morte, dov'è la tua vittoria?" (I Corinzi 15:55).

Esistono diverse teorie per rispondere al problema della vita. Possiamo dividerle in due categorie: la *teoria monistica* che afferma che tutti i fatti vitali trovino spiegazione nel mondo visibile nel quale viviamo, e la *teoria dualistica* che attribuisce una parte dei fenomeni della vita ad un altro mondo che attualmente ci è invisibile.

Nel suo celebre affresco "La Scuola di Atene", Raffaello ha ben rappresentato il diverso atteggiamento delle due scuole di pensiero. Questo meraviglioso affresco rappresenta il vestibolo di un edificio dove i filosofi si incontravano abitualmente. Sui sentieri che conducono all'interno, gli uomini sono impegnati in una conversazione animata, ma al centro e sui gradini in alto sono rappresentati due personaggi che si suppone raffigurino Platone e Aristotele, l'uno che mostra il cielo, l'altro la terra. Entrambi si guardano in viso con estrema serietà e determinazione e ciascuno cerca di persuadere l'altro, convinto che il suo atteggiamento sia il più giusto. Uno sostiene di essere nato dalla materia, di provenire dalla polvere e di fare ritorno ad essa alla fine; l'altro che esiste una sostanza più elevata che è sempre stata e sempre sarà, indipendentemente dal fatto che il corpo sia vivo o no.

Per la maggior parte degli uomini si pone il problema di

stabilire chi ha ragione. Tonnellate di inchiostro e di carta sono state invano consumate per risolvere, attraverso il ragionamento e il confronto, questo enigma, ma esso continuerà a sussistere sempre per coloro che non hanno personalmente trovato una soluzione a questo basilare problema che fa parte dell'esperienza che ogni essere umano deve fare. Ciascuno ha il dovere di cercare da solo una soluzione che non può essere fornita dall'esterno per risultare valida e definitiva. La sola cosa che possono fare coloro che hanno realmente trovato una risposta è mostrare agli altri il cammino che conduce alla verità e guidarli verso lo scopo.

L'obiettivo di questo lavoro, non è quello di offrire una soluzione al problema, da accettare ciecamente affidandosi alle ricerche dell'autore. Gli insegnamenti qui esposti sono stati trasmessi dalla grande Scuola Occidentale dei Misteri dell'Ordine della Rosa-Croce e sono il frutto delle numerose testimonianze di chiaroveggenti esperti. Queste rivelazioni sono state fatte all'autore, che in seguito si è dedicato personalmente alla ricerca dei mondi attraversati dallo spirito nel suo viaggio verso il piano terrestre e viceversa.

Avvertiamo tuttavia il lettore, che l'autore, malgrado la più grande attenzione, può aver recepito male alcuni insegnamenti e sbagliarsi su quanto crede di aver visto nel mondo invisibile, dove è facile commettere errori. Nel mondo materiale, nel quale viviamo, le forme sono stabili e non cambiano facilmente, ma nel mondo che ci circonda, percettibile solo dalla vista spirituale, non vi sono in realtà delle forme definite, poiché tutto è vita. Le metamorfosi che si raccontano nelle storie, sono nulla se confrontate con le prodigiose trasformazioni che avvengono nel mondo invisibile. Per questo motivo i medium e i chiaroveggenti negativi fanno delle rivelazioni sorprendenti e sebbene siano del tutto sinceri, l'illusione della *forma* è così sfuggente da ingannarli, rendendoli incapaci di percepire la *vita*, che sta alla base di ogni forma.

Nel nostro mondo fisico dobbiamo imparare a guardare. Il neonato non ha la nozione della distanza e cerca di prendere gli oggetti che sono fuori dalla portata della sua mano fino a quando non ha imparato a conoscere i propri limiti. Il cieco che recupera la vista in modo naturale o per effetto di una operazione, ha la tendenza di chiudere gli occhi per spostarsi da una parte all'altra: egli ha l'impressione che gli sia più facile camminare a tentoni piuttosto che guardare la strada, a causa della mancanza di esperienza non sa fidarsi della facoltà da poco acquistata. Allo stesso modo un uomo che sviluppi dentro di sé la vista spirituale ha bisogno di essere istruito, per non restare inesperto come il neonato o il cieco dell'esempio. Se non riceve questa educazione, si troverà nella stessa condizione di un neonato posto in una camera per bambini con i muri ricoperti di specchi concavi o convessi che deformano il suo corpo e quello delle persone presenti. Se egli cresce in un ambiente simile, senza essere capace di vedere le forme reali di quelli che lo accudiscono, crederà di vedere figure deformate, mentre in realtà sono gli specchi a provocare l'illusione. Se le persone o il bambino presi ad esempio fossero tolti da quell'ambiente illusorio, sarebbe loro impossibile capire la verità finché l'esperienza non venisse chiaramente spiegata. Tutti quelli che hanno sviluppato la vista spirituale possono incorrere in questo pericolo, finché non avranno imparato a considerare la *Vita,* permanente e stabile, senza preoccuparsi della *forma* che è evanescente e mutevole. La possibilità di un errore di interpretazione esiste sempre, ed è a volte così sottile che l'autore ha il dovere di consigliare ai lettori di accettare tutto quanto riguarda i mondi invisibili con riserva, dato che non desidera indurre nessuno in errore. È piuttosto incline ad esagerare i propri limiti e chiede al lettore di non accettare nulla dei suoi scritti senza avervi riflettuto. In tal modo, se il lettore sbaglia, sua sarà la colpa e l'autore non incorrerà in alcun biasimo.

TRE TEORIE DI VITA

Tre sono le teorie degne di attenzione per risolvere l'enigma della vita, tra le quali il lettore può scegliere. Le esponiamo brevemente e in seguito forniremo argomenti convincenti che ci inducono a considerare la reincarnazione come l'unico metodo in grado di favorire la crescita dell'anima e il raggiungimento finale della perfezione, offrendo così la migliore soluzione al problema della vita.

I) <u>La Teoria Materialistica</u> *insegna che la vita non è che un breve percorso dalla culla alla tomba, che l'uomo possiede la più evoluta intelligenza dell'universo, che il suo intelletto è il risultato di alcune disposizioni della materia e che la morte e la dissoluzione del corpo concludono l'esistenza.*

Per un certo periodo gli argomenti dei filosofi materialisti sono sembrati convincenti ma, più la scienza progredisce più svela il lato spirituale dell'universo, ammettendo che la vita e la coscienza possono esistere senza essere in grado di fornire prove sicure della loro esistenza. Una dimostrazione di ciò è data dal risveglio di molte persone in coma, credute ormai morte, e dalla loro testimonianza su quanto è avvenuto intorno al loro corpo. Eminenti scienziati, come Oliver Lodge, Camille Flammarion, Lombroso ed altre personalità di alto ingegno e formazione scientifica, hanno positivamente constatato nelle loro ricerche che l'intelligenza, che chiamiamo uomo, sopravvive alla morte del corpo e continua a vivere nel nostro ambiente, per lo più invisibile, come la luce e il colore esistono attorno al cieco, senza che egli li percepisca. Questi scienziati sono giunti alle loro conclusioni dopo anni di ricerche accurate. Hanno scoperto che in particolari circostanze il presunto morto può comunicare con noi in modo inequivocabile, senza possibilità di errore. Noi sosteniamo che la loro testimonianza ha più valore delle argomentazioni contrarie del materialista, perché basate su ricerche esatte e precise in armonia con alcune leggi incontestabili, come quella *della conservazione della materia* e quella *della conservazione dell'energia.* L'intelligenza è una forma di energia e quindi non può essere distrutta, come invece dichiara il materialista. Scartiamo dunque la teoria materialista considerata come erronea per la mancanza di armonia con le leggi della natura.

II) La Teoria Teologica *afferma che, alcuni istanti prima di una nascita, l'anima è creata da Dio ed entra così nel mondo, dove vivrà per un tempo che può variare da alcuni minuti ad alcune decine di anni. Alla fine di questo breve periodo di vita essa farà ritorno nell'aldilà invisibile dove dimorerà eternamente, in una condizione di benessere o di malessere secondo le azioni compiute negli anni vissuti sulla Terra.*

Platone insisteva sulla necessità di una definizione chiara delle parole usate come base degli argomenti e questa precisione è importante anche nel commentare la Bibbia. Secondo la Bibbia, l'uomo è un essere composito costituito da un corpo, da un'anima e da uno spirito. Questi ultimi due sono generalmente presi come sinonimi, ma noi insistiamo sul fatto che non hanno lo stesso significato.

Tutte le cose sono in stato di vibrazione. Nel nostro ambiente le vibrazioni degli oggetti ci permeano costantemente e trasmettono ai sensi la conoscenza del mondo esteriore: le vibrazioni dell'etere agiscono infatti sugli occhi, consentendoci di vedere, mentre le vibrazioni nell'aria trasmettono suoni alle orecchie.

Respiriamo anche l'etere carico delle immagini e dei suoni del nostro ambiente e ad ogni istante della vita, mediante la respirazione, riceviamo *interiormente* una percezione esatta di quanto ci circonda esteriormente.

Questo è un punto di vista scientifico, tuttavia la scienza non spiega come si producono queste vibrazioni. Esse, secondo l'insegnamento dei Misteri della Rosa-Croce, sono trasmesse al sangue, poi riportate automaticamente su un piccolo atomo nel cuore, come l'immagine cinematografica è impressa sulla pellicola e la registrazione dei suoni sul disco. La memorizzazione di queste percezioni legate alla respirazione comincia con la prima inspirazione del neonato e termina all'ultimo respiro del moribondo, in questo modo l'"anima" è un risultato della respirazione.

La Genesi mostra anche il rapporto esistente tra la respirazione e l'anima nel seguente passo: *"E Dio formò l'uomo dalla polvere della terra e gli soffiò nelle narici un soffio di vita; e l'uomo divenne un essere vivente".* In questa citazione la stessa parola "nephesh" è usata per *soffio* (o respiro) e *vivente.*

Il ricordo delle percezioni e delle esperienze registrate con la respirazione è utilizzato nell'esistenza dopo la morte. Le buone azioni della vita producono sentimenti di gioia e l'intensità dell'attrazione fa sì che lo spirito le incorpora come potere dell'anima. Così, *la percezione delle nostre buone azioni attraverso la respirazione rappresentano la salvezza dell'anima,* poiché unendosi allo spirito, diventano immortali. Accumulate durante ogni nuova esistenza, permettono all'anima di espandersi, andando a costituire la base della crescita spirituale.

Le cattive azioni sono ugualmente registrate dalla funzione respiratoria nel momento in cui vengono commesse. Il dolore e la sofferenza che risultano nel Purgatorio costringono lo spirito a respingerle. Poiché queste immagini non possono esistere indipendentemente dallo spirito che dava loro la vita, i peccati si "disintegrano" dopo essere stati purgati, così accade che *"l'anima che pecca morirà"* (Ezechiele 18,4 e 20).

La memoria di questa sofferenza causata dall'espiazione rimane nello spirito sotto forma di *coscienza* e impedisce la ripetizione del medesimo errore nelle vite future. Così le azioni buone o cattive sono registrate mediante la funzione respiratoria che, di conseguenza, diviene il punto di partenza dell'anima. Mentre il ricordo delle buone azioni fissato attraverso la respirazione si amalgama con lo spirito e continua a vivere come anima immortale, la memoria delle cattive azioni registrate attraverso la respirazione si disgrega, poiché rappresenta l'anima che ha peccato e che muore.

La Bibbia insegna che l'immortalità dell'anima dipende dalle buone azioni, ma non fa alcuna distinzione per quanto riguarda lo spirito, anzi si afferma che quando *"la corda d'argento si rompe la polvere torna alla terra da dove è venuta e lo spirito ritorna a Dio che lo ha dato"* (Ecclesiaste 12:6 o 8, secondo le diverse versioni).

La Bibbia insegna quindi che il corpo è polvere e torna alla polvere, che una parte dell'anima generata nella respirazione perisce, ma che lo spirito sopravvive alla morte del corpo e perdura eternamente. Di conseguenza l'espressione "anima perduta", nel senso in cui si intende generalmente, non fa parte dell'insegnamento biblico, in quanto lo spirito è increato ed eterno come Dio stesso. La teoria corrente non può perciò essere vera.

III) La Teoria della Reincarnazione *insegna che ogni spirito è parte integrante di Dio e contiene i germi di tutti i poteri divini, come la ghianda racchiude la quercia. Per mezzo di numerose esistenze in un corpo fisico di qualità gradualmente crescente, i poteri latenti sono lentamente trasformati i poteri dinamici. Nessuna anima è perduta, anzi l'umanità raggiungerà, alla fine, lo scopo, cioè la perfezione e l'unione con Dio, ciascuno apportando le proprie esperienze che sono i frutti del suo pellegrinaggio attraverso la materia.*

NOI SIAMO ETERNI

"Nelle nubi tempestose o sulle ali degli zeffiri
Il coro degli spiriti intona l'antifona.
Ascolta il messaggio: 'siamo gli spiriti dei morti;
Ma non esiste la morte: rallegrati, la vita è senza limiti'.

Noi siamo, noi fummo e noi saremo sempre,
La nostra vita non ha fine; siamo eterni.
Già prima della creazione, elementi di un Grande Tutto,
Ciascuno di noi è un'anima immortale.

Sul telaio del tempo i nostri corpi si sono formati,
Senza sosta sono stati orditi sulla trama del pensiero;
I legami di famiglia e di paese ne sono l'opera
Concepita in cielo prima d'essere formata sulla terra.

Abbiamo brillato nelle gioie e danzato sulle onde,
Scintillando nel fuoco, sfidando le tombe;
Nelle forme effimere, di genere e di nome
Ma la nostra propria essenza è rimasta la stessa.

E quando avremo raggiunto la più alta cima
Il pensiero ricorderà tutti i gradi superati
A poco a poco le rilegheremo in un tutto
Rintracciando il cammino percorso fin qui.

Il sapere sarà nostro re, desidereremo compiere
Tutto ciò che eleva e nobilita lo spirito ed è benefico e giusto,
Gentili con tutti, non dimostreremo cattiveria con alcuno;
Attuando nel modo migliore il piano divino".

Si può dire che non vi è che un peccato, *l'ignoranza,* e una sola via di salvezza, *la conoscenza applicata.* Anche il più sapiente tra noi possiede in realtà poco sapere e nessuno ha mai raggiunto la perfezione, né la può raggiungere in una sola e breve vita, ma vediamo ovunque nella natura uno sviluppo lento e continuo e definiamo questo processo "evoluzione".

Una delle principali caratteristiche dell'evoluzione risiede nel fatto che essa si manifesta con periodi alterni di attività e di riposo. L'estate rappresenta il tempo dell'attività in cui tutte le cose sulla terra si sforzano di produrre, ed è seguita dalla calma e dal riposo dell'inverno. L'attività del giorno si alterna alla tranquillità della notte. Il flusso dell'oceano cede il posto al riflusso.

Dato che tutto si muove per cicli, la vita che si concretizza e si esprime sulla terra per alcuni anni può essere considerata terminata quando la morte si presenta, ma sicuramente, come il sole sorge al mattino dopo essere tramontato la sera, la vita che si conclude con la morte di un corpo rinascerà in un altro corpo e in un ambiente diverso.

Questa terra può essere paragonata ad una scuola, alla quale facciamo ritorno vita dopo vita per apprendere nuovi insegnamenti, come i bambini vanno ogni giorno a scuola per aumentare la loro conoscenza. Il bambino dorme durante la notte che separa due giornate di studio, così lo spirito gode del riposo nell'intervallo tra la morte e una nuova vita. Anche la scuola del mondo possiede diverse classi che corrispondono ai gradi di studio che vanno dalle scuole materne, all'università. Nelle classi inferiori si trovano gli spiriti entrati da poco nella scuola della vita, cioè i primitivi, che col tempo diventeranno più saggi e migliori di noi che siamo più evoluti, e noi, a nostra volta, progrediremo nelle vite future fino a raggiungere vette spirituali che oggi non siamo neppure in grado di concepire. Se ci impegniamo a imparare le lezioni della vita, avanzeremo certamente molto più in fretta di quello che faremmo se vagassimo pigramente perdendo il nostro tempo, proprio come accade a scuola.

Noi non siamo qui per un capriccio di Dio. Egli non ha posto l'uno nell'abbondanza e l'altro in un deserto; non ha dato un corpo sano ad uno perché possa vivere senza l'assillo delle sofferenze e della malattia, mentre l'altro conosce tristi condizioni senza un attimo di respiro. Ma quello che siamo lo siamo per effetto della nostra diligenza o della nostra negligenza, e quello che saremo in futuro dipenderà da quello che vorremo essere e non da un capriccio divino o da un destino implacabile. Non hanno importanza le circostanze, sta a noi dominarle, se lo vogliamo.

Nella *"Luce dell'Asia"*, Sir Edwin Arnold esprime molto bene tale idea:

"I libri dicono il vero, fratelli, la vita di ciascuno
È il risultato delle esistenze precedenti;
Gli errori passati apportano la sofferenza,
Il bene compiuto diffonde la felicità.

Ciascuno ha lo stesso potere dei più elevati,
Poiché le sorti dei poteri superiori
O inferiori di tutte le creature viventi
Dipendono dall'azione fonte di gioia o di pene.

Colui che fu schiavo può rinascere principe
Grazie ai suoi meriti e alle sue amabili virtù.
Colui che una volta era re, può ora mendicare con le vesti a brandelli
A causa di quello che ha fatto o ha omesso di fare."

Ella Wheeler Wilcox dà la medesima interpretazione nel seguente poema:

"Un bastimento naviga verso est e l'altro verso ovest;
Gli stessi venti soffiano per entrambi.
Ma la posizione delle vele e non il vento
Determina la rotta da essi seguita.

Simili ai venti del mare sono le vie del destino
Che ci spingono attraverso la nostra vita inquieta;
Ma chi determina la meta lontana
È la nostra anima e non la calma o la tempesta".

Se volessimo ingaggiare qualcuno per compiere una certa

missione, certamente sceglieremmo la persona che ci sembra più indicata, si suppone che un essere divino darebbe prova di altrettanta saggezza e non sceglierebbe, per divulgare il suo messaggio, un essere che non ne fosse capace. Così, quando leggiamo nella Bibbia che Sansone era stato predestinato per uccidere i Filistei e che Geremia era stato scelto come profeta, è logico supporre che essi fossero particolarmente adatti alla missione che era stata loro affidata. Anche Giovanni Battista nacque per annunciare la venuta del Salvatore e predicare il Regno di Dio che si contrapponeva al regno degli uomini. Se non avessero ricevuto una formazione preliminare, come avrebbero potuto avere l'abilità necessaria per svolgere la loro missione, e dato che l'hanno compiuta in modo così brillante, come avrebbero potuto ricevere tali doti se non nelle vite anteriori?

Gli Ebrei credevano nella dottrina della reincarnazione, altrimenti non avrebbero chiesto a Giovanni Battista se egli era Elia (Giovanni, cap. I). Gli apostoli avevano pure questa convinzione e il capitolo 16 di Matteo lo dimostra: *"Chi dice la gente che sia il Figlio dell'Uomo?"* chiese il Cristo, e gli apostoli risposero: *"Alcuni dicono che sei Giovanni Battista, altri Elia, e altri Geremia o uno dei profeti"*. In quella occasione il Cristo affermò implicitamente la dottrina della reincarnazione in quanto accettò le parole dei discepoli. Se la loro concezione fosse stata sbagliata il dovere del Cristo, quale maestro, sarebbe stato di convincerli del loro errore. Ma egli dichiarò a Nicodemo senza equivoco: *"Se un uomo non nasce di nuovo non potrà vedere il regno di Dio"*, e nell'undicesimo capitolo di Matteo, al versetto 14, dice, parlando di Giovanni Battista: *"...Egli è Elia..."* e al XVII capitolo di Matteo, versetto 12, dice: *"Ma io vi dico che Elia è già venuto e non l'hanno riconosciuto; anzi gli hanno fatto tutto quello che hanno voluto... Allora i discepoli compresero che egli aveva parlato loro di Giovanni Battista"*.

Noi affermiamo pertanto che solo la dottrina della reincarnazione offre al problema della vita una soluzione in armonia con le leggi della natura. Essa risponde alle esigenze della morale e ci permette di amare Dio senza chiudere gli occhi sulle ineguaglianze e le circostanze che offrono ad alcuni l'agiatezza e il conforto, la salute e la ricchezza di cui altri sono privati.

La teoria dell'ereditarietà preconizzata dai materialisti è applicabile solo alla *forma,* poiché, come un carpentiere utilizza alcuni materiali per costruire una casa nella quale abiterà, così lo spirito utilizza la sostanza dei genitori per costruire la sua dimora. Il carpentiere non può edificare un padiglione di legno robusto con un'armatura di abeti, così lo spirito deve costruirsi un corpo simile a quello di coloro che gli offrono la sostanza; ma la teoria della ereditarietà non è applicabile sul piano morale. È noto che nello scenario del banditismo americano o europeo, non esiste alcun caso dove padri e figli siano coinvolti negli stessi reati. Così, i figli di criminali, malgrado una certa tendenza al delitto, non hanno problemi con la giustizia. D'altra parte l'ereditarietà non esercita alcuna influenza sul piano mentale. Si possono citare parecchi casi in cui un genio e un idiota provengono dalla medesima famiglia. Il grande Cuvier, il cui cervello aveva lo stesso peso di Daniel Webster e la cui intelligenza era così sviluppata, ebbe cinque figli che morirono paralizzati. Il fratello di Alessandro il Grande era idiota. Noi sosteniamo quindi che un'altra soluzione deve essere trovata per spiegare i fatti dell'esistenza.

La legge della reincarnazione legata a principio di conseguenza, ci offre la soluzione. Dopo la morte facciamo ritorno sulla terra in condizioni diverse, determinate dal modo in cui abbiamo vissuto in precedenza. Il giocatore è attirato dalle case da gioco e dai campi da corsa, ove si lega con persone che provano gli stessi suoi interessi; il musicista è attirato dalle sale dei concerti per l'affinità con gli spiriti della sua stessa natura. L'Ego che si reincarna presenta gli stessi gusti e le stesse avversioni che gli fanno cercare dei genitori a lui affini.

Si possono tuttavia riscontrare casi di persone obbligate dalle circostanze a vivere in famiglie a loro estranee per interessi, gusti, modi di pensare, ma questo non diminuisce per niente il valore della legge, perché in ogni vita contraiamo obblighi che non possono essere assolti subito. Forse ci siamo sottratti a un dovere che ci costringeva a prenderci cura di un genitore invalido e la sua morte è sopravvenuta prima di poter prendere coscienza dell'errore. Forse la nostra negligenza ha fatto soffrire crudelmente persone, che hanno provato amarezza nei nostri confronti prima di morire. La morte e il cambiamento di ambiente che essa comporta, non sono sufficienti a saldare i debiti di questa vita, come il trasferirsi da una città a un'altra non annulla i debiti che abbiamo contratti prima della partenza. Di conseguenza, è possibile che due persone che, come supponiamo, si sono offese reciprocamente, si incontrino di nuovo nella stessa famiglia. Allora, l'antica inimicizia riaffiorerà sia che esse siano in grado di ricordare o no i loro rancori, e si detesteranno come prima fino a che la sofferenza comune li spingerà a tollerarsi reciprocamente, e forse anche ad imparare ad amarsi invece di continuare ad odiarsi.

Di fronte allo spirito nasce spontanea una domanda. "Se siamo già esistiti, perché non lo ricordiamo?" Risponderemo che se molte persone non si ricordano della loro esistenza precedente, altre ne hanno conservato un ricordo abbastanza nitido e chiaro.

Eccone un esempio. Un'amica dell'autore che viveva in Francia, un giorno si mise a leggere al figlio la descrizione di una città dove si sarebbe svolto un raduno ciclistico; all'improvviso il giovane gridò: "È inutile che me la descrivi, mamma, la conosco, ho già vissuto là ed è là che sono stato ucciso". Descrisse allora la città e un ponte; condusse poi sua madre presso il ponte e gli mostrò il punto dove secoli prima aveva trovato la morte.

Un'altra amica mentre viaggiava in Irlanda, restò colpita

da un luogo che riconobbe subito e fu in grado di descrivere un paesaggio che appariva dopo la svolta della strada, sebbene non l'avesse mai visto nella vita attuale.

Potremmo fornire infiniti esempi di ricordi rapidi come la folgore che proiettano bagliori di una vita precedente. La *"Cosmogonia dei Rosa-Croce"* cita anche il caso, verificato, di una bambina di tre anni di Santa Barbara, in grado di raccontare la sua vita e la sua morte. È forse il caso più eclatante, in grado di fornire una prova decisiva vista la tenera età del soggetto, e la sua sostanziale incapacità di alterare i fatti.

Questa teoria non è basata sull'immaginazione, ma sui fatti che possono essere mostrati all'allievo di una Scuola dei Misteri. Lo si fa assistere alla morte di un fanciullo, poi lo si farà osservare il fanciullo nei mondi invisibili giorno dopo giorno fino a quando il soggetto rinascerà un anno o due più tardi. Egli saprà allora con certezza assoluta che ritorniamo sulla terra per raccogliere, in una vita futura, quello che abbiamo seminato. Come oggetto di studio è consigliabile prendere in esame un ragazzo piuttosto che un adulto, perché i ragazzi si reincarnano più in fretta, dovendo assimilare i frutti di una vita più breve. L'adulto, che ha vissuto una vita lunga ed ha conosciuto numerose esperienze, resta nei mondi invisibili per secoli e l'allievo non può quindi osservarlo durante il tempo che intercorre tra la morte e la nuova nascita. Le cause della mortalità infantile saranno spiegate più tardi; per il momento desideriamo insistere sul fatto che è possibile a tutti, senza eccezione, sviluppare le facoltà che permettono di verificare personalmente quello che qui insegniamo.

L'intervallo medio tra due vite terrestri è di circa mille anni. È determinato dal movimento del Sole o precessione degli equinozi, tramite il quale il Sole percorre uno dei segni dello zodiaco nello spazio di circa 2.100 anni. Durante questo tempo le condizioni sulla terra cambiano considerevolmente e lo spirito quando vi fa ritorno trova delle situazioni del tutto nuove.

I grandi Capi dell'evoluzione traggono sempre il maggiore beneficio possibile dalle condizioni che essi determinano, e poiché le esperienze fatte in una determinata condizione sociale variano a seconda del soggetto, che si tratti di un uomo o di una donna, lo spirito umano nasce due volte durante i 2.100 anni che il Sole impiega per attraversare un segno zodiacale. Nasce perciò una volta come uomo, una volta come donna; questa è la regola, ma può essere modificata nell'intento di aiutare lo spirito a raccogliere ciò che ha seminato, poiché la legge di Conseguenza agisce sempre in armonia con la legge della Reincarnazione. Talvolta uno spirito può rinascere molto prima che i mille anni siano passati al fine di adempiere una certa missione, oppure essere trattenuto nei mondi invisibili anche dopo il momento della rinascita stabilito secondo una stretta osservanza della legge, interpretata in modo ottuso. Ma le leggi di natura non sono così cieche. Vi sono alte Intelligenze che subordinano sempre le considerazioni minori ai fini più elevati. Sotto la loro benefica direzione noi saremo in grado di progredire costantemente di vita in vita, perché ad ogni passaggio sulla terra ci troveremo nelle condizioni più adatte per raggiungere il più alto grado di evoluzione e a diventare col tempo dei superuomini.

Oliver Wendell Holmes ha espresso ammirevolmente quest'aspirazione finale nelle seguenti parole:

"Costruisciti più fiere dimore, anima mia,
Mentre le stagioni scorrono!
Lascia al passato la sua bassa volta,
Fai un tempio più bello di quello che egli rimpiazza,

Proteggiti sotto un duomo più altero
Fino al giorno in cui, finalmente liberata
Dalla tua conchiglia ormai inutile,
Lascerai il mare agitato della Vita!"

Capitolo III

I MONDI VISIBILI E INVISIBILI

LA REGIONE CHIMICA

Se un essere, capace di utilizzare coscientemente il corpo spirituale con la stessa facilità con la quale noi adoperiamo il corpo fisico, penetrasse negli spazi interplanetari, la terra e i diversi pianeti del nostro sistema solare gli apparirebbero composti di tre tipi di "materia". La materia più densa, di cui è costituita la terra visibile, gli apparirebbe al centro della sfera, come il tuorlo è al centro dell'uovo; attorno a questo nucleo vedrebbe disposta, nel medesimo modo, una sostanza più tenue rispetto alla massa centrale, come il bianco dell'uovo attorno al giallo. Osservando con maggior attenzione, scoprirebbe che questa sostanza penetra nella terra solida fino al centro, come il sangue si infiltra nei tessuti più compatti. All'esterno di questi due strati che si amalgamano, percepirebbe un terzo strato ancor più sottile, corrispondente al guscio dell'uovo, più tenue delle tre varietà di sostanze, che penetra tra i due strati interni.

Come abbiamo detto, la massa centrale, vista con gli occhi dello spirito, rappresenta il nostro mondo fisico composto di solidi, liquidi e gas che costituiscono la terra, la sua atmosfera ed anche l'etere che permea la sostanza atomica degli elementi chimici, secondo un'ipotesi ammessa anche dalla scienza. Il secondo strato è detto Mondo del Desiderio e lo strato esterno Mondo del Pensiero.

Riflettendo su tutto questo comprendiamo come una struttura del genere sia indispensabile per spiegare le varie manifestazioni della vita. Tutte le forme del mondo, solidi, liquidi e gas, sono costituite da sostanze chimiche ma, nel loro moto, esse obbediscono a un impulso separato e distinto, e quando l'energia motrice le abbandona, le forme diventano inerti. La macchina a vapore funziona grazie alla pressione esercitata dal gas ma, finché il vapore non riempie il cilindro, la macchina rimane immobile, e quando la forza motrice si interrompe, il movimento si arresta immediatamente. La rotazione di un motore è dovuta alla forza ancora più impercettibile della corrente elettrica, che può anche azionare il ticchettio di un apparecchio telegrafico o far squillare una suoneria elettrica ma, se la corrente invisibile cessa, anche i diversi movimenti cessano. La forma dell'animale, dell'uccello, dell'uomo, anch'essa può cessare di esistere. Quando la forza interna che comunemente definiamo *vita* abbandona l'animale, l'uccello, l'uomo, la forma cessa ogni sua attività.

Tutte le forme sono spinte all'azione dal desiderio; l'uccello e l'animale vagano avventurandosi nell'aria e sulla terra alla ricerca del cibo o di un rifugio oppure allo scopo di moltiplicarsi; anche l'uomo è spinto dai desideri, ma aspirazioni più elevate lo spingono a compiere sforzi ulteriori per raggiungere i suoi obiettivi. Il desiderio di muoversi rapidamente, ad esempio, lo spinge a costruire macchine ed altri meccanismi che obbediscano alla *sua* volontà.

Se le montagne non contenessero il ferro, l'uomo non potrebbe costruire le macchine, se il suolo non contenesse l'argilla, la struttura ossea dello scheletro non esisterebbe, e se non esistesse il mondo fisico con i solidi, i liquidi e i gas, il corpo fisico non avrebbe mai potuto formarsi. Ragionando nello stesso modo è dunque evidente che senza il Mondo del Desiderio e senza la sua materia-desiderio non potremmo esprimere sentimenti, emozioni e desideri. Un pianeta composto solo di materiali percepibili con gli occhi *fisici* non potrebbe costituire altro che la dimora delle piante, che crescono inconsciamente, ma non possiedono alcun desiderio di muoversi. In questo caso i regni umano ed animale non potrebbero esistere.

Inoltre, nel nostro mondo, la mano dell'uomo ha costruito gli utensili più semplici e grezzi fino agli strumenti più complicati e precisi. Questo ci rivela il pensiero e l'ingegno umano. Come il pensiero è ovvio che anche le *forme* e i *sentimenti* debbano avere un'origine. Abbiamo visto che occorrono materiali specifici per costruire una macchina o un corpo. Allo stesso modo, per consentirci di esprimere il *desiderio*, deve esistere un mondo costituito da sostanza-desiderio. A questo punto è logico supporre che sarebbe impossibile per l'uomo pensare, inventare, se non esistesse il Mondo del Pensiero, da cui attingere la sostanza mentale.

È chiaro anche che la suddivisione di un pianeta in più "mondi" non è basata su una speculazione metafisica dettata dalla fantasia, ma è necessaria da un punto di vista logico nell'economia della natura, e deve essere presa in considerazione da chiunque voglia cercare di comprendere la natura segreta delle cose. Quando vediamo i treni elettrici, affermare che il motore è mosso dalla forza di un certo numero di ampères e di volts non significa nulla. Queste parole non farebbero che aumentare la nostra confusione fino a quando non avessimo studiato l'elettricità; ma anche allora il mistero non sarebbe meno fitto perché il treno appartiene alla sfera delle *forme inerti* percepibili dalla vista, la corrente elettrica che lo muove trae origine dalla regione dell'*energia*, l'invisibile Mondo del Desiderio e il pensiero che lo ha creato e lo conduce proviene dal Mondo del Pensiero, ancora più sottile, dimora dello Spirito Umano, l'Ego.

Si potrebbe obiettare che questo modo di ragionare complica eccessivamente un argomento semplice, ma una riflessione più approfondita farà capire subito come questa critica abbia poco valore. Qualsiasi scienza appare superficialmente semplice. Anatomicamente il corpo è composto di carne e di ossa; dal punto di vista chimico si può dividerlo semplicemente in solidi, liquidi e gas. Ma per conoscere l'anatomia bisogna dedicare parecchi anni allo studio dei nervi, dei legamenti che tengono insieme le articolazioni fra le diverse parti della struttura ossea, le infinite varietà dei tessuti e la loro disposizione nel nostro organismo dove formano le ossa, i muscoli, le ghiandole, ecc. che, nel loro insieme, costituiscono il corpo umano. Per capire la chimica dobbiamo studiare la valenza dell'atomo che determina la combinazione dei diversi elementi, apprendere nozioni specifiche, il peso atomico, la densità, ecc. Il chimico più esperto, colui che per vocazione è in grado di comprendere meglio l'immensità della sua scienza, scopre costantemente nuovi orizzonti.

Il giovane avvocato uscito da poco dalla Facoltà di Giurisprudenza, immagina di conoscere i casi più complicati meglio dei giudici seduti sui banchi della Corte Suprema che passano ore, settimane e mesi per emettere con obiettività le sentenze. Ma coloro che, senza aver studiato, credono di poter comprendere e si sentono pronti a discutere della più importante delle scienze, la scienza della vita e dell'essere, commettono un errore ancora più grande. Dopo anni di studi pazienti, di santità e di perseveranza, un uomo resta sovente perplesso davanti all'immensità dell'oggetto su cui medita. La scoperta della vastità dell'argomento rende inutile ogni tentativo di spiegare: le parole difettano e la lingua resta muta. Per questo noi affermiamo - e parliamo per la nostra esperienza, per la conoscenza acquisita dopo anni di ricerche serie e confermate - che le precise distinzioni qui fatte non hanno nulla di arbitrario, ma sono necessarie tanto quanto lo sono le divisioni e le distinzioni fatte in anatomia e in chimica.

Nel Mondo Fisico nessuna forma è in grado di provare sensazioni nel vero senso della parola; la vita che abita la forma è in grado di percepire, come ci si può facilmente rendere conto dall'esempio di un corpo che risponde al minimo contatto quando è animato dalla vita, ma non mostra alcuna reazione dopo la morte, anche se lo si taglia a pezzetti. Dimostrazioni eseguite da scienziati, particolarmente dal professor Bose di Calcutta, hanno tentato di provare che la sensibilità esiste nei tessuti di animali morti ed anche nello stagno e in altri metalli, ma noi sosteniamo che i grafici che sembrano appoggiare le loro affermazioni, non dimostrano niente di più che una reazione simile al rimbalzo di una palla di caucciù, e non si può confondere questa sensazione con dei sentimenti quali l'*amore*, l'*odio*, la *simpatia* e l'*avversione*. Anche Goethe illustra gradevolmente questa tesi nel suo romanzo *"Le Affinità elettive"* (Wahlverwandschaft) e immagina che gli atomi provino l'amore e l'odio e certi elementi si combinino rapidamente, mentre altri rifiutino di amalgamarsi; questo fenomeno è prodotto dal diverso tasso di rapidità secondo il quale vibrano i diversi elementi e dall'inclinazione disuguale dei loro assi. Solo ove risiede la vita sensibile possono manifestarsi i sentimenti di piacere o di dolore, di sofferenza o di gioia.

LA REGIONE ETERICA

Oltre ai solidi, ai liquidi e ai gas che costituiscono la Regione Chimica del Mondo Fisico, esiste una sostanza ancora più impercettibile definita *etere* che penetra nella materia atomica della terra e della sua atmosfera, come insegna la scienza. Gli scienziati non hanno mai potuto vedere, né pesare, né misurare, né analizzare questa sostanza, ma hanno concluso che deve esistere un mezzo che permetta la trasmissione della luce e di altri fenomeni. Se ci fosse possibile vivere in una camera vuota d'aria, potremmo alzare la voce, suonare delle campane o sparare delle cannonate vicino alle orecchie, senza poter udire il minimo suono, perché l'aria è l'agente trasmettitore delle vibrazioni sonore al timpano. Ma se accendessimo una lampada elettrica, vedremmo immediatamente dei raggi illuminare la stanza, malgrado la mancanza d'aria. Deve quindi esistere una sostanza capace di vibrare fra la luce elettrica e i nostri occhi. Gli scienziati definiscono questa sostanza *"etere"*, ma l'etere è così impercettibile che nessuno strumento può misurarlo o analizzarlo e per questa ragione gli scienziati sono in grado di raccogliere poche informazioni a riguardo, sebbene siano costretti a supporne l'esistenza.

Noi non cerchiamo di minimizzare i risultati ottenuti dagli scienziati moderni; nutriamo la più viva ammirazione per loro e riponiamo molte speranze nella realizzazione dei loro obiettivi; tuttavia vediamo una limitazione nel fatto che tutte le grandi scoperte del passato sono state realizzate con strumenti meravigliosi impiegati nel modo più ingegnoso per risolvere problemi apparentemente insolubili e sconcertanti. La grandezza della scienza si basa sui suoi strumenti e lo scienziato può dire a chiunque: "Prendete queste lenti di ingrandimento e fissatele ad un tubo; rivolgete questo tubo verso un certo punto del cielo ove nulla è visibile ad occhio nudo. Scorgerete allora una bella stella chiamata Urano". Seguendo le direttive dello scienziato chiunque *potrà ottenere rapidamente e senza uno studio preparatorio* la prova di quello che gli è stato enunciato. Ma se gli strumenti della scienza costituiscono la sua difesa e la sua forza, limitano anche il campo di investigazione, perché è impossibile prendere contatto con il Mondo dello Spirito con degli strumenti *fisici*; perciò le ricerche degli occultisti cominciano al limite delle possibilità dello scienziato che non può accedere ai mondi superiori senza usare i mezzi *spirituali*.

Queste ricerche sono così rigorose e degne di fiducia quanto quelle compiute dagli scienziati materialisti, ma non sono altrettanto dimostrabili in pubblico. I poteri spirituali si trovano allo stato latente in ogni essere umano e dopo essere stati risvegliati, consentono a chi li possiede di penetrare *istantaneamente* il velo della materia, superando ampiamente le possibilità offerte dagli strumenti tradizionali, come il microscopio e il telescopio. Tuttavia non si sviluppano che dopo lunghi anni di sforzi, con pazienza e perseveranza nella ricerca del bene. Sono perciò pochissimi coloro che hanno la fede indispensabile per accedere al sentiero del progresso e la perseveranza necessaria per superare la prova. Ne risulta che le affermazioni degli occultisti in genere non sono accettate.

Un lungo noviziato deve precedere questo risultato, perché chi possiede la vista spirituale può attraversare i muri delle case con la stessa facilità con cui noi camminiamo attraverso l'atmosfera. Egli è in grado di leggere, quando e come vuole, i pensieri più intimi delle persone vicine e, se non fosse animato da ideali puri e altruistici, potrebbe diventare un flagello per l'umanità. Per questa ragione tale potere deve essere salvaguardato, come non lasceremmo mai della dinamite nelle mani di una persona pericolosa o inconsapevole, così gli istruttori accordano questo potere ai discepoli dopo che essi hanno perseverato a lungo nella via della santità.

Nelle mani di uno specialista qualificato, la dinamite può essere utilizzata per aprire una strada utile agli scambi commerciali e un coltivatore la può utilizzare per dissodare il campo da vecchi ceppi d'albero, ma un criminale rischierebbe di provocare un'esplosione e di mettere in pericolo numerose vite. Lo stesso accade nella pratica della forza, essa può essere volta al bene o al male, e secondo l'indirizzo o l'intenzione di chi la utilizza, può produrre risultati diametralmente opposti. Per questo motivo i poteri spirituali sono chiusi in una sorta di cassaforte, inaccessibili, fino a quando le nostre facoltà maturate e volte al bene non facciano scoccare l'ora più propizia per utilizzarli.

Come abbiamo già detto, l'etere è una materia *fisica* e come tale obbedisce alle leggi che governano le altre sostanze fisiche nel mondo materiale. Non occorre perciò che un piccolo sviluppo della vista fisica per vedere l'etere, che si presenta sotto forma di quattro gradi di densità. La bruma bluastra che circonda le montagne è quella che gli occultisti chiamano *etere chimico,* le persone che vedono questo etere ignorano spesso di possedere una facoltà che non tutti hanno. Coloro che hanno sviluppato la vista spirituale possono non avere la visione eterica, cosa che a prima vista può sembrare un'anomalia, finché non si acquisisca una conoscenza più approfondita in materia di chiaroveggenza.

In effetti la vista eterica dipende dalla sensibilità del nervo ottico, mentre la vista spirituale si acquisisce sviluppando i poteri vibratori latenti di due piccoli organi situati nel cervello: il corpo pituitario e la ghiandola pineale. Anche i miopi possono sviluppare la vista eterica e, sebbene incapaci a decifrare il testo stampato di un libro, possono vedere attraverso un muro grazie al nervo ottico che risponde più rapidamente alle vibrazioni sottili che non a quelle comuni.

Quando una persona contempla un oggetto con la vista eterica, è in grado di vedere *attraverso* esso nello stesso modo in cui i raggi X attraversano le sostanze opache. Se guarda una macchina da cucire, vedrà dapprima il coperchio, poi il meccanismo interno e dietro a ciò lo strato più profondo.

Dopo aver sviluppato il grado di vista spirituale che gli può svelare il Mondo del Desiderio, se una persona contempla lo stesso oggetto, potrà vedere sia l'interno che l'esterno. Se esaminerà con maggior attenzione, vedrà ogni piccolo atomo girare intorno al proprio asse e nessuna particella sarà esclusa dalla sua percezione.

Se avrà sviluppato una vista spirituale che gli permette di guardare la macchina da cucire secondo la visione del Mondo del Pensiero, vedrà solo una cavità al posto della forma.

Gli oggetti percepiti con la visione eterica, presentano colori molto simili; sono di un blu rossastro, malva o viola, secondo la densità dell'etere. Ma quando guardiamo un oggetto con la visione spirituale propria del Mondo del Desiderio, esso scintilla e risplende di migliaia di colori cangianti di una bellezza indescrivibile che si può paragonare al fuoco, chiamata *visione colorata*. La visione spirituale del Mondo del Pensiero permette al chiaroveggente di percepire oltre ai colori sempre più belli, un suono armonioso emesso dalla cavità sopradescritta. Pertanto, il mondo nel quale viviamo e che percepiamo mediante i nostri sensi fisici è il Mondo della *forma;* il Mondo del Desiderio è *colore*, e il Mondo del Pensiero è suono.

A causa della vicinanza o della distanza relativa di questi mondi, una statua, una *forma*, può resistere alla rovina del tempo per migliaia di anni, ma i colori di un quadro perdono intensità più rapidamente, perché provengono dal Mondo del Desiderio, e la *musica*, che è originaria di un mondo ancora più distante da noi, il Mondo del Pensiero, è simile a un fuoco fatuo che nessuno può prendere né tenere: essa svanisce appena emessa. Ma il colore e la musica offrono una compensazione a questa evanescenza.

La statua è fredda e morta come il minerale dal quale proviene e non attira che poche persone malgrado la realtà tangibile della sua *forma*.

In un quadro, le forme sono illusorie, ma esprimono la *vita* mediante il *colore* che deriva da una regione dove nulla è inerte e senza vita, per questa ragione la pittura attrae molte persone.

La musica è effimera e intangibile, ma proviene dalla dimora dello spirito e, per quanto fugace, è percepita dallo spirito come *linguaggio dell'anima*, un'eco del focolare dal quale siamo esiliati e fa vibrare una corda sensibile del nostro essere, anche se non ne siamo coscienti.

Esistono dunque diversi gradi nello sviluppo della vista spirituale e ciascuno è adatto al mondo superfisico che essa svela: la vista eterica, la vista colorata e la vista sonora.

L'investigatore occulto constata che l'etere è di quattro specie o gradi di intensità:

- L'Etere Chimico,
- L'Etere Vitale,
- L'Etere Luminoso,
- L'Etere Riflettore.

L'*Etere Chimico* è il trasmettitore delle forze che

assicurano l'assimilazione, la crescita e la conservazione della forma.

L'*Etere Vitale* è il terreno delle forze che sono attive nella riproduzione e nella costruzione di nuove forme.

L'*Etere Luminoso* trasmette il dinamismo solare nei diversi tessuti dei corpi viventi e rende possibile il movimento.

L'*Etere Riflettore* riceve l'impressione di tutto ciò che esiste, vive e si muove. Registra anche ogni mutamento proprio come la pellicola di un apparecchio cinematografico. È in questa sorta di annali che i medium e gli psicometri possono leggere il passato, come se si trattasse di un film, che può essere proiettato a più riprese sullo schermo.

Abbiamo considerato l'etere come un canale trasmettitore di *forze*, ma questa parola non ha alcun significato per uno spirito medio, dato che l'energia è invisibile, mentre per un chiaroveggente, le forze non sono dei semplici nomi come vapore, elettricità, ecc. Egli constata che vi sono degli esseri intelligenti a diversi livelli, alcuni al di sotto dello stadio raggiunto dagli esseri umani, altri al di sopra. Quelle che chiamiamo "leggi di natura" sono in realtà grandi intelligenze che guidano gli esseri più semplici secondo regole destinate a promuovere la loro evoluzione.

Nel Medio Evo, molte persone erano ancora dotate di un residuo di chiaroveggenza *negativa* ed infatti raccontavano di gnomi, di elfi e di fate che vagavano sulle montagne e nelle foreste: erano gli *spiriti della terra.* Gli *spiriti dell'acqua,* le ondine, dimoravano nei fiumi e nei torrenti e gli *spiriti dell'aria,* le silfidi, vivevano nella bruma che copre i fossati e le lande; si parlava poco delle salamandre, *spiriti del fuoco,* estremamente difficili da scoprire.

Tutte queste leggende popolari sono ora considerate pura superstizione, ma di fatto, la persona che possiede la visione eterica può ancora vedere i piccoli gnomi mentre producono la clorofilla verde delle piante e danno ai fiori le più svariate tinte multicolori e delicate, una vera gioia per gli occhi.

Gli scienziati hanno sempre cercato di spiegare i fenomeni

meteorologici, ma non ci sono mai riusciti, perché si sono ostinati a cercare una soluzione materiale a quello che in realtà è una manifestazione di vita. Se potessero vedere le silfidi che volano da una parte all'altra, *conoscerebbero* realmente l'origine dell'incostanza del vento; se potessero vedere una tempesta in mare con la vista eterica, comprenderebbero che l'espressione "guerra degli elementi" non è priva di senso, dato che il mare agitato costituisce realmente un campo di battaglia per le silfidi e le ondine, e il frastuono della tempesta è in realtà il grido di guerra degli spiriti dell'aria.

Anche le salamandre vivono in mezzo a noi e nessun fuoco si accende senza il loro aiuto, ma esse sono ancora più attive sotto terra dove danno origine ad esplosioni ed eruzioni vulcaniche.

Gli esseri che abbiamo citato si trovano al di sotto del livello di sviluppo raggiunto dall'umanità, più tardi raggiungeranno nell'evoluzione uno stadio corrispondente a quello umano, ma in situazioni diverse. Per ora, le grandi intelligenze che chiamiamo "leggi di natura" guidano queste entità meno evolute.

Per comprendere meglio la differente natura di questi esseri e i rapporti che intercorrono fra noi e loro, facciamo un esempio: supponiamo che un meccanico fabbrichi una macchina, un cane l'osserva, *vede* l'uomo lavorare e adoperare diversi strumenti per dare forma ai materiali e osserva come dal ferro grezzo, dall'acciaio, dal rame e da altri metalli, la macchina lentamente prenda forma. Il cane che ha seguito un percorso evolutivo inferiore, non capisce lo scopo della macchina, ma *vede* l'operaio, il suo lavoro e il risultato finale rappresentato dalla macchina.

Supponiamo ora che il cane veda i materiali modificarsi lentamente, plasmati fino a diventare una macchina, ma non possa vedere l'operaio, né il lavoro che fa. Il cane in questo caso, di fronte al meccanico, si troverebbe nelle stesse condizioni in cui ci troviamo noi nei confronti delle grandi intelligenze che definiamo “leggi di natura” e dei loro assistenti, gli spiriti della natura. Il loro lavoro si presenta ai nostri occhi sotto l’aspetto di una *forza* che agisce nella materia in svariati modi, ma sempre in condizioni immutabili.

Nell’etere si possono vedere anche gli Angeli il cui corpo più denso è fatto della stessa sostanza, così come il nostro corpo fisico è costituito da gas, liquidi e solidi. Questi esseri si collocano su un livello evolutivo superiore a quello degli esseri umani, come questi ultimi rispetto agli animali. Sebbene un tempo la nostra costituzione somigliasse a quella degli animali, non possiamo certo paragonarci alla fauna attuale. Gli Angeli erano allora umani, sebbene non abbiano mai avuto un corpo denso come il nostro, né abbiano mai agito in una sostanza più densa dell’etere. In futuro la terra ritroverà la sua dimensione eterica allora l’uomo diventerà *simile* agli Angeli. Per questo la Bibbia ci dice che, per *breve tempo*, l’uomo è stato creato inferiore agli Angeli (Ebrei, cap.II, vers. 7).

L’etere è il trasmettitore delle forze vitali creatrici e gli Angeli sono degli esperti costruttori di etere; risultano pertanto particolarmente qualificati per adempiere al compito di guardiani delle forze riproduttive presso le piante, gli animali e gli uomini. La Bibbia ci offre degli esempi: due *angeli* vennero da Abramo e gli annunciarono la nascita di Isacco; essi *promisero* un figlio all’uomo che aveva obbedito a Dio. Più tardi *questi stessi Angeli* distrussero Sodoma perché i suoi abitanti *avevano abusato della forza creatrice*. Furono ancora degli *Angeli* a predire ai genitori la nascita di Samuele e di Sansone dotati di intelligenza e forza superiori. L’*angelo* Gabriele (e non l’arcangelo) venne ad annunciare ad Elisabetta la nascita di Giovanni; più tardi apparve a Maria e la informò che essa era stata scelta per la nascita di Gesù.

IL MONDO DEL DESIDERIO

Quando un soggetto, sviluppando la vista spirituale, è in grado di percepire il Mondo del Desiderio, davanti ai suoi occhi appaiono cose meravigliose, tanto che una descrizione risulta incredibile per coloro che non possono vedere, come le favole e i racconti delle fate.

Molti non possono nemmeno credere che esista un mondo simile e che altri vedano quello che a loro risulta invisibile, così come i ciechi quaggiù non possono godere delle bellezze di questo mondo che sono svelate agli altri. Un uomo nato cieco potrebbe dirci: "So che questo mondo esiste perché odo, sento, gusto e soprattutto tocco, ma quando parlate di luce e di colore non riesco a capire perché essi non esistono per me; dite che *vedete* queste cose, ma io non posso crederci perché non le *vedo*. Dite che la luce ed i colori mi circondano da ogni parte, ma nessuno dei sensi a mia disposizione me li rivela. Non posso credere a questo senso che chiamate *vista*, e mi pare che soffriate di allucinazioni".

Noi possiamo sinceramente comprendere la sua obiezione, ma malgrado il suo scetticismo, la sua ironia, dobbiamo sostenere che percepiamo la luce e il colore.

Il risvegliarsi della vista spirituale pone il soggetto nella medesima condizione nei confronti di coloro che non riescono a percepire il Mondo del Desiderio. Se il cieco subisse un'operazione e acquisisse la facoltà di vedere, i suoi occhi si aprirebbero ed egli sarebbe costretto ad affermare l'esistenza della luce e del colore che prima rifiutava di accettare. Lo stesso accade a chi possiede la vista spirituale, quando finalmente è in grado di percepire ciò che sentiva raccontare da altri. Il fatto che i veggenti non siano d'accordo sulle descrizioni del mondo invisibile, non costituisce un argomento valido contro l'esistenza dei mondi spirituali. Se leggiamo i libri di viaggi, confrontando le diverse narrazioni degli esploratori della Cina, delle Indie e dell'Africa, constatiamo che esse differiscono considerevolmente l'una dall'altra, spesso anzi risultano contraddittorie. Ogni viaggiatore vede le cose secondo il proprio punto di vista, e in condizioni diverse da quelle riportate dai compagni. Chi legge numerosi racconti sullo stesso paese e *valuta le contraddizioni dei narratori*, comprende meglio il paese e i popoli di cui vuole apprendere la storia, di chi legge un solo racconto sul quale tutti gli autori concordano. In modo analogo, le diverse descrizioni dei visitatori del Mondo del Desiderio sono tutte valide e aiutano il lettore ad avere una visione più ampia di quanto potrebbe ottenere da un racconto univoco.

In questo mondo, materia e forza sono nettamente distinte. La principale caratteristica della materia è l'*inerzia,* cioè la tendenza a restare in riposo fino a che una forza non le imprima un movimento. Nel Mondo del Desiderio, al contrario, è quasi impossibile distinguere forza e materia. Potremmo descrivere la "materia-desiderio" come "sostanza-energia", perché è quasi costantemente in movimento e sensibile al minimo *sentimento* della vasta moltitudine che popola questo mondo prodigioso. Si parla spesso "di folle dove si contano uomini a milioni" in Cina o in India, o nelle città sovrappopolate come Londra, Parigi, New York, Chicago; però nemmeno la popolazione a più alta densità della terra può essere paragonata alla moltitudine di esseri del Mondo del Desiderio. Se nel nostro mondo è impossibile che due cose occupino lo stesso posto nel medesimo momento, le condizioni sono del tutto diverse nel Mondo del Desiderio, esseri e cose possono occupare *lo stesso posto nel medesimo tempo* senza alcun problema, per l'elasticità della "materia-desiderio". Ecco un esempio: l'autore, assistendo ad una funzione religiosa, ha visto distintamente sull'altare alcuni esseri interessati alla funzione e, nel medesimo tempo, attraverso la sala e l'altare ha percepito un tavolo dove quattro persone giocavano a carte; esse non prestavano attenzione agli esseri che assistevano al servizio religioso come se non fossero esistiti.

Il Mondo del Desiderio rappresenta per un certo periodo la dimora dei morti e in questo modo essi possono rimanere a lungo in mezzo ai loro amici ancora vivi, percorrendo le case un tempo familiari senza essere visti dai loro parenti. All'inizio ignorano che "due persone possano stare simultaneamente nel medesimo posto" e quando si siedono su una sedia, accade che il parente vivente possa anch'esso occupare il posto creduto libero, il cosiddetto "morto" si affretterà allora ad abbandonare il posto temendo d'essere schiacciato. Imparerà presto che può restare seduto senza tenere conto che il parente utilizza la sedia nel medesimo istante.

Nelle regioni inferiori del Mondo del Desiderio, l'intero corpo di ogni entità è visibile, ma nelle regioni superiori appare solo la testa. Nel quadro della Madonna Sistina, Raffaello, che era dotato di quella che si chiama *seconda vista*, rappresenta la Madonna e il Bambino Gesù fluttuanti in un'atmosfera dorata, circondati da piccoli geni dei quali appare solo la testa. L'occultista sa che queste condizioni sono in armonia con la realtà. Fra le entità, per così dire "autoctone" di questo mondo, nessuno è forse meglio conosciuto dal mondo cristiano come gli Arcangeli. Questi grandi esseri erano umani, quando l'uomo era ancora simile alle piante. Da allora abbiamo progredito di due stadi dell'evoluzione: la fase animale e la fase umana. Anche gli attuali Arcangeli sono avanzati di due tappe nel loro processo evolutivo, in un primo momento erano del tutto simili agli attuali Angeli, poi sono divenuti Arcangeli.

Il corpo denso, malgrado la diversa forma rispetto al nostro, è composto di materia-desiderio, e viene utilizzato come veicolo di coscienza, proprio come noi utilizziamo il nostro. Essi maneggiano da esperti le forze del Mondo del Desiderio e queste forze, come vedremo, spingono il mondo intero all'azione. Così gli Arcangeli operano con l'umanità nei settori più importanti dell'economia e della politica, ponendosi come arbitri del destino dei popoli e delle nazioni. Gli Angeli invece soprintendono ai rapporti familiari, la loro missione è quella di legare gli spiriti anche con vincoli di sangue in modo che essi possano formare un nucleo familiare.

Responsabili della grandezza o della rovina delle nazioni, dispensatori di gloria o di sconfitte gli Arcangeli guidano i popoli secondo interessi superiori che vanno al di là singolo paese, la loro missione consiste anche nel legare gli spiriti alla loro patria, in modo che possano sentirsi parte di una nazione. Possiamo vedere ciò, per esempio, nel Libro di Daniele ove l'arcangelo Michele (da non confondere con Michele, ambasciatore del Sole sulla Terra) è chiamato Principe dei figli d'Israele. Un altro arcangelo annuncia a Daniele (cap. X) che egli si propone di combattere il Principe di Persia per mezzo dei Greci.

Tra gli esseri umani esistono diversi gradi di intelligenza, e alcuni soggetti possiedono qualità superiori alla media che li rendono adatti a svolgere mansioni di grande responsabilità. Lo stesso accade fra gli Arcangeli, non tutti si rivelano idonei a guidare gli uomini, i popoli, le nazioni, si rivolgono allora agli animali dato che possiedono anch'essi un corpo del desiderio, e regnando come spiriti-gruppo acquisiscono lo sviluppo evolutivo.

L'influenza dello spirito di razza è nettamente visibile sul popolo che governa. Più un popolo appare inferiore nella scala evolutiva, più è visibile tra i suoi membri una spiccata somiglianza dovuta alla razza, manifestazione del lavoro compiuto dallo spirito di razza. Per esempio, la pelle abbronzata degli Italiani e la tinta chiara degli Scandinavi provengono dall'azione del loro rispettivo spirito nazionale. Nei tipi umani più evoluti, la differenza fra gli uomini è più accentuata perché l'Ego, più individualizzato, esprime anche nella forma e nei tratti il proprio temperamento. Fra i tipi meno evoluti, come i Mongoli, i neri d'Africa, gli indigeni dei mari del sud, gli individui di ogni tribù si somigliano in modo straordinario tanto che è talvolta impossibile per gli Occidentali distinguerli. Presso gli animali, il cui spirito separato non è individualizzato ed autocosciente, la somiglianza non solo è molto più pronunciata fisicamente, ma si estende anche alle varie caratteristiche. Possiamo scrivere la biografia di un uomo perché le esperienze e le azioni di ciascuno variano da soggetto a soggetto, ma non possiamo scrivere la biografia di un animale, perché tutti i membri di una medesima specie agiscono in modo uguale in circostanze simili. Se desideriamo conoscere, ad esempio i fatti riguardanti Edoardo VII, non ci sarebbe di alcuna utilità studiare la vita del Principe Consorte, suo padre, o di Giorgio V, suo figlio, perché ogni esistenza risulterebbe completamente diversa. Se, d'altra parte, vogliamo studiare il comportamento di un castoro qualsiasi, quando avremo studiato le sue abitudini, conosceremo il modo di comportarsi di ciascun membro della specie. Quello che chiamiamo "istinto" in realtà non è altro che l'obbedienza agli ordini degli spiriti-gruppo che governano per telepatia i singoli individui di una stessa specie.

Gli antichi egizi conoscevano questi spiriti-gruppo degli animali e li riproducevano schematicamente sui loro templi e sulle loro tombe. Esseri simili, dal corpo umano e la testa di animale, vivono realmente nel Mondo del Desiderio e possiedono un'intelligenza superiore a quella degli esseri umani comuni.

Questo ci induce a segnalare un'altra particolarità del Mondo del Desiderio. Nel nostro mondo la diversità di linguaggio e di dialetti è così vasta che vi sono dei paesi in cui le persone che vivono solo a poca distanza le une dalle altre non riescono a capirsi che con difficoltà, ed ogni nazione si esprime in una lingua del tutto diversa da quella degli altri popoli.

Nelle regioni inferiori del Mondo del Desiderio, la diversità di lingua è identica a quella che esiste sulla terra, e i cosiddetti "morti" provenienti da una nazione non possono conversare con gli abitanti che sono originari di un altro paese. Le conoscenze linguistiche, pertanto, sono di grande valore per gli "Ausiliari Invisibili", di cui parleremo più avanti, perché il loro campo di azione è più esteso.

Anche trascurando la differenza di linguaggio, le parole sono sovente fonte di malintesi. Talvolta le medesime parole esprimono idee opposte. Se parliamo di una distesa d'acqua, un interlocutore può capire un piccolo lago, un altro può pensare ai grandi laghi americani e un terzo immaginare forse l'oceano Pacifico. Se pronunciamo la parola "luce", uno può pensare al sole e un altro ad una lampada elettrica, e lo stesso accade per i colori e le loro sfumature.

Ma la cattiva interpretazione delle parole non si ferma qui. Un giorno, l'autore tenne una conferenza in una sala di lettura che aveva aperto in una grande città, ed invitò alcuni uditori. Fra coloro che approfittarono dell'occasione c'era un uomo che per molti anni era stato un vero e proprio "vagabondo metafisico", vagando da una conferenza all'altra, ascoltava gli insegnamenti senza mettere in pratica nulla. Come gli Ateniesi ai quali si era rivolto San Paolo, era sempre in cerca di "novità", soprattutto nel campo dei fenomeni, il suo spirito si trovava in uno stato caotico, uno dei sintomi più evidenti di "indigestione mentale".

Avendo assistito a parecchie nostre conferenze, sapeva che il programma riportava questa frase: "Il conferenziere non dà consulenze di veggenza e non fa oroscopi *dietro compenso"*. Ma, vedendo sulla porta la scritta "Sala di lettura gratuita", il suo spirito eccentrico aveva concluso immediatamente che, sebbene fossimo contrari al principio di predire l'avvenire dietro pagamento, eravamo disposti a fare delle "letture" gratuite. Fu molto deluso di fronte alla nostra ferma intenzione di non predire l'avvenire, né gratuitamente né dietro compenso, e fummo costretti a cambiare la scritta e mettere: "Biblioteca. Entrata libera", per evitare il ripetersi di malintesi.

Nelle regioni superiori del Mondo del Desiderio, la

confusione delle lingue è sostituita da una forma universale d'espressione che evita ogni errore di interpretazione. Là, ognuno dei nostri pensieri ha una forma definita e un colore visibile a tutti, questo pensiero-simbolo è collegato ad un suono che non è una parola, ma permette di trasmettere il pensiero a chiunque, senza tener conto della lingua che parlava sulla terra.

La comprensione di questa lingua universale è immediata e non esige preparazione; la facilità con la quale un musicista legge uno sparito ne è un esempio. Un compositore tedesco o polacco può scrivere un'opera. Ciascuno di essi ha una terminologia particolare e si esprime nella propria lingua. Se questa opera è suonata da un'orchestra italiana, spagnola o americana, i musicisti possono decifrare le note e i simboli sulla partitura perché essa costituisce un linguaggio universalmente conosciuto. La stessa cosa avviene per i numeri. Il tedesco conta: eins, zwei, drei; il francese, un, deux, trois; e l'inglese one, two, three; ma i segni 1, 2, 3, anche se pronunciati diversamente, sono intelligibili a tutti e significano la stessa cosa. Né la partitura musicale, né i numeri si prestano a confusione e lo stesso accade per la lingua universale propria delle regioni superiori del Mondo del Desiderio e dei mondi più sottili; essa è un modo di espressione accessibile a tutti.

Tornando allo studio delle entità che abitano il Mondo del Desiderio, possiamo notare che molte religioni hanno affermato l'esistenza di diversi gruppi di esseri provenienti da questi luoghi. Per esempio, Zoroastro insegna che i *sette Ameshaspend* e gli Izzard hanno influenza su alcuni giorni e mesi dell'anno. Nella terminologia della religione cristiana gli Ameshaspend sono *i sette Spiriti* che si trovano *davanti al Trono.* Ciascuno di essi governa due mesi dell'anno, mentre il settimo, Michele, il più elevato, è il loro capo. Michele è l'ambasciatore del Sole sulla terra e gli altri sono gli ambasciatori dei pianeti. La religione cattolica, alla luce delle sue estese conoscenze, dà grande importanza a questi "*angeli stellari*" e riconosce la loro considerevole influenza sul mondo terrestre.

Gli Ameshaspend non abitano le regioni inferiori del Mondo del Desiderio, ma influenzano gli Izzard. Secondo la vecchia leggenda persiana, questi ultimi si dividono in due gruppi, uno di ventotto classi e l'altro di tre classi. Ciascuna di queste classi governa e dirige tutte le altre in un certo giorno del mese. Regolano le condizioni atmosferiche in quel giorno e lavorano a fianco degli animali e dell'uomo in particolare, durante tutti i mesi le ventotto classi prendono parte attiva a questo lavoro. Le altre tre classi non si occupano degli animali a causa della loro costituzione fisica. Mentre l'uomo possiede trentuno paia di nervi rachidei e si sente in armonia con il mese solare di trentuno giorni, gli animali ne hanno ventotto e sono in armonia col mese lunare di ventotto giorni. Gli antichi persiani erano degli astronomi, ma non dei fisiologi, non avevano alcun mezzo per conoscere le diverse costituzioni dell'animale e dell'uomo, ma vedevano mediante la chiaroveggenza gli esseri superfisici e osservavano l'azione di questi esseri sull'animale e sull'uomo: le attuali conoscenze anatomiche hanno confermato la classificazione degli Izzard.

Un altro gruppo di esseri abita il Mondo del Desiderio; sono entrati in questo mondo attraverso la porta della morte e attualmente sono invisibili agli occhi fisici. Questi cosiddetti "morti" sono pertanto molto più vivi di noi, attaccati a un corpo denso e soggetti a tutte le limitazioni. Il corpo fisico è un peso che ci obbliga a spostarci lentamente e a consumare notevole energia per far muovere questo veicolo che si stanca rapidamente anche in buona salute; è il nostro rivestimento mortale che talvolta ci obbliga a restare infermi per lunghi anni e soffrire.

Ma quando esso viene abbandonato e lo spirito liberato funziona di nuovo nel corpo spirituale, allora la malattia diventa una condizione sconosciuta e le distanze sono praticamente annullate. Il Salvatore ha paragonato lo Spirito libero al vento che soffia dove vuole (Giovanni, 3,8); e nonostante ciò questa immagine non offre che una pallida idea di quello che realmente avviene in un "volo d'anima". Là, come dimostreremo, il tempo non esiste più. L'autore non ha mai avuto l'occasione di misurarlo su se stesso, ma ha potuto misurarlo sugli altri, quando si trovava nel suo corpo fisico, mentre gli altri si lanciavano attraverso lo spazio per compiere una missione. Il trasporto di un breve messaggio dalle Coste del Pacifico fino all'Europa di andata e ritorno senza il corpo fisico, avviene in poco meno di un minuto. Per questo l'affermazione che coloro che chiamiamo morti sono in realtà molto più vivi di noi, si fonda su dei fatti.

Abbiamo parlato del corpo denso nel quale viviamo come di un ostacolo o di una catena. Non si deve però concludere che noi approviamo l'atteggiamento di certe persone che, di fronte alla facilità con la quale si compiono i voli d'anima, si lamentano d'essere attualmente imprigionate. Anelano costantemente al giorno in cui potranno abbandonare il loro involucro mortale per volare dentro il corpo spirituale. Questo atteggiamento è un errore. I grandi esseri esperti, le guide invisibili della nostra evoluzione, non ci hanno posti quaggiù senza uno scopo, qui dobbiamo infatti apprendere insegnamenti di grande valore che è impossibile imparare in altri "piani". Le condizioni di densità e di inerzia di cui le persone si lamentano sono i fattori necessari che ci permettono di raggiungere la conoscenza che dobbiamo acquisire in questo mondo. Una recente esperienza dell'autore dimostra ampiamente questo fatto.

Per anni una sua amica aveva studiato l'occultismo, senza occuparsi di astrologia. L'ultimo anno ella si interessò anche a questa scienza, come chiave di conoscenza di se stessa e come mezzo per conoscere la natura altrui, per sviluppare una maggiore comprensione per gli errori, virtù indispensabile per coltivare l'amore per il prossimo. Il Salvatore ha insistito su questo comandamento supremo, che è il compimento di tutta la legge. Poiché l'astrologia ci insegna la *pazienza* e la *compassione*, aiuta più di tutto a sviluppare questa suprema virtù. Questa persona frequentava i corsi tenuti dall'autore a Los Angeles, ma una malattia improvvisa la portò via rapidamente e le fece porre fine allo studio di questa scienza prima che ella si fosse dedicata seriamente alla cosa quando era nel corpo fisico.

In una delle numerose occasioni di incontro con l'autore, dopo la liberazione dal corpo fisico, ella si lamentò di trovare difficoltà a proseguire nello studio astrologico. L'autore le consigliò di continuare ad assistere ai corsi e le disse che avrebbe certamente incontrato qualcuno dall'altra parte, che l'avrebbe aiutata. A queste parole ella esclamò subito: "Certamente assisto ai corsi; ho incontrato anche un amico che mi aiuta, ma voi non immaginate quali difficoltà provo qui a concentrarmi sui calcoli matematici, quando anche la più lieve corrente mentale mi trascina lontano dalla vostra classe. Quando ero nel corpo fisico, trovavo difficile concentrarmi, ma non era nulla a paragone degli ostacoli che lo studente incontra qui".

Il corpo fisico era un'ancora per lei, come lo è per tutti noi. Un corpo denso è inaccessibile alle influenze e alle perturbazioni da cui i corpi spirituali più sottili non possono proteggerci. Questo corpo ci permette di portare le idee ad una conclusione logica con minore sforzo di concentrazione di quanto occorra nell'aldilà ove tutto è immerso in una incessante agitazione, vivendo nel corpo fisico sviluppiamo gradualmente la facoltà di concentrare i pensieri. Dobbiamo apprezzare le occasioni che ci vengono offerte quaggiù, anziché deplorare le limitazioni che ci sono di aiuto anziché di ostacolo. Non dovremmo mai affliggerci per nessuna condizione in cui ci troviamo, è molto più utile infatti cercare di mettere a frutto le esperienze piuttosto che perdere tempo in vani rimpianti.

Diciamo che nel Mondo del Desiderio il tempo non esiste e il lettore lo capirà facilmente considerando che là non esiste nulla di opaco.

Nel Mondo Fisico, la rotazione che la terra opera intorno al suo asse produce l'alternarsi del giorno e della notte. Quando la zona in cui viviamo è rivolta verso il sole e i suoi raggi la illuminano, chiamiamo questo fenomeno "giorno", ma quando la nostra dimora si trova in una posizione opposta al sole e i suoi raggi sono trattenuti dalla terra opaca, chiamiamo "notte" l'oscurità che ne risulta. Il passaggio della terra nella sua orbita intorno al sole porta l'alternarsi delle stagioni che formano l'anno, su cui è basata la suddivisione del tempo. Ma nel Mondo del Desiderio, dove tutto è luce, esiste soltanto il giorno senza fine. Lo spirito non viene ostacolato dal pesante corpo fisico, non ha bisogno di dormire e l'esistenza scorre ininterrotta. Le sostanze spirituali non sono soggette alla contrazione e alla dilatazione a causa del caldo e del freddo; l'estate e l'inverno quindi non esistono. Non si può perciò distinguere un momento dall'altro attraverso l'alternarsi della luce e dell'oscurità, dell'estate o dell'inverno che per noi indicano il tempo. Se i cosiddetti "morti" possiedono un ricordo ben preciso del tempo, per quanto riguarda l'esistenza che hanno vissuto nel loro corpo fisico, sono generalmente incapaci di determinare l'ordine cronologico degli avvenimenti di cui sono stati testimoni nel Mondo del Desiderio e di solito non sono capaci di indicare quanti anni sono passati da quando hanno lasciato il Mondo Fisico. Solo gli studiosi della scienza degli astri sono capaci di calcolare il tempo dopo la morte.

Quando un investigatore dell'occulto desidera fare ricerche su un avvenimento nella storia umana del passato, può facilmente trovarne l'immagine nella *Memoria della Natura*, ma se desidera determinare la data, sarà costretto a contare a ritroso il movimento dei corpi celesti.

A tale scopo egli utilizza, in genere, le misure che il Sole indica per precessione. Ogni anno, il Sole incrocia l'equatore della terra verso il 21 marzo, il giorno e la notte sono di uguale durata: è l'equinozio di primavera. Ma a causa del movimento ondeggiante dell'asse terrestre, il Sole non incrocia lo zodiaco sempre nello stesso punto, ma raggiunge l'equatore un po' prima, *precede*, e di anno in anno *retrocede* un po'.

Per esempio, al tempo della nascita di Cristo, l'equinozio di primavera cadeva a circa sette gradi nel segno dell'Ariete. Durante i duemila anni che sono trascorsi fino ad oggi, il Sole è retrocesso di circa ventisette gradi, così attualmente si trova a circa dieci gradi nei Pesci. Si muove attorno allo zodiaco in 25.868 anni. Di conseguenza l'investigatore dell'occulto può contare indietro nel tempo il numero dei segni o dei giri interi che il Sole ha *percorso* fino all'avvenimento cercato. Possiede così, mediante l'uso degli astri, guardiani celesti del tempo, una misura quasi esatta del tempo, benché si trovi nel Mondo del Desiderio, una ragione in più per studiare l'astrologia o scienza degli astri.

IL MONDO DEL PENSIERO

Una volta raggiunto lo sviluppo spirituale necessario per entrare coscientemente nel Mondo del Pensiero e abbandonare così il Mondo del Desiderio, regione della luce e del colore, passiamo nella condizione che l'investigatore dell'occulto definisce "Il Grande Silenzio".

Come indicato in precedenza, nelle regioni superiori del Mondo del Desiderio la forma e il suono si confondono ma, quando attraversiamo il Grande Silenzio, il mondo intero sembra scomparire; lo spirito prova la sensazione di fluttuare in un oceano di luce intensa, completamente solo, e quindi privo del ben che minimo timore perché ha cessato di percepire il senso della forma, del suono, del passato e dell'avvenire. Tutto si colloca in un eterno *"presente"*. Il piacere e la sofferenza sembrano non esistere più e pertanto vi è assenza di ogni sensazione. Tutto sembra concentrarsi su di un solo concetto: *"Io sono"*. L'Ego umano si trova di fronte a se stesso, dove ogni altra cosa è esclusa. Il passaggio dal

Mondo del Desiderio al Mondo del Pensiero può avvenire involontariamente dopo la morte, durante il pellegrinaggio ciclico dell'anima, di cui parleremo in seguito, oppure volontariamente, nel corso della vita terrena, come è il caso degli occultisti che hanno raggiunto una certa maturità, ma in entrambi i casi i soggetti faranno lo stesso tipo di esperienza durante la transizione.

Nel Mondo Fisico è necessario distinguere tra la Regione Chimica e la Regione Eterica, nel Mondo del Pensiero tra la Regione del Pensiero Concreto e la Regione del Pensiero Astratto.

Come usiamo la materia del Mondo Fisico per plasmare un corpo denso e utilizziamo la forza-materia del Mondo del Desiderio per costruire il Corpo del Desiderio, così ci appropriamo di una certa quantità di sostanza mentale della Regione del Pensiero Concreto, ma, in quanto spiriti, ci rivestiamo della sostanza spirituale della regione del Pensiero Astratto e così diveniamo degli Ego individuali e separati.

LA REGIONE DEL PENSIERO CONCRETO

La regione del Pensiero Concreto non è né chimerica, né illusoria, è il punto culminante della realtà e questo basso mondo, che erroneamente consideriamo l'unica verità possibile, non è che una replica effimera di questa regione.

Se riflettiamo, comprendiamo che tutto quello che vediamo intorno a noi è in realtà un pensiero cristallizzato. Le case, le macchine, i mobili, tutto ciò che è stato fatto dalla mano dell'uomo è la materializzazione di un pensiero. Come le secrezioni della lumaca si cristallizzano in una conchiglia dura che essa trasporta sul dorso e usa come protezione, così tutto ciò che utilizziamo nel nostro progresso di civilizzazione è una concretizzazione dell'invisibile e della sostanza mentale intangibile. Il pensiero di James Watt ha rivoluzionato il mondo materializzandosi nella macchina a vapore. Il pensiero di Edison ha preso la forma di un generatore di elettricità, trasformando in luce le tenebre della notte e, senza il pensiero di Morse o di Marconi, il telegrafo non avrebbe potuto accorciare le distanze come fa oggi. Un terremoto potrebbe annientare una città e distruggere il materiale di illuminazione e le stazioni telegrafiche, ma i pensieri di Watt, Edison e di Morse rimarrebbero e, sulla base delle loro idee indistruttibili, potrebbero essere costruite nuove macchine. I pensieri, dunque, sono più stabili e duraturi delle cose.

L'orecchio sensibile del musicista rileva in ogni città una nota diversa. Egli ode una melodia nuova in ogni ruscello; quanto agli alberi, il vento produce dei suoni che variano a seconda della foresta. Nel Mondo del Desiderio abbiamo riscontrato l'esistenza di forme simili a quelle che ci circondano quaggiù e sappiamo che apparentemente *il suono proviene dalla forma*. Ma non è così nel Mondo del Pensiero Concreto in quanto, se nel nostro mondo ogni forma nasconde e occupa un certo spazio, essa non esiste sul piano del Pensiero Concreto. Là dove si trovava l'oggetto si vede lo spazio vuoto, trasparente. *Il suono viene emanato dal vuoto*: è la "nota fondamentale" che *crea* e conserva la *forma* da cui sembra provenire, come il centro quasi invisibile della fiamma del gas è la sorgente della luce che percepiamo.

Il suono di uno spazio vuoto non si può udire nel Mondo Fisico, ma l'armonia che proviene dalla cavità vuota di un *archetipo* celeste è la "Voce del Silenzio" e diventa percepibile quando tutti i suoni terrestri cessano. Elia non la intendeva mentre si scatenava il temporale, né durante il terremoto e nemmeno nel crepitio del fuoco, ma quando i suoni disarmonici e distruttori di questo mondo cessarono e scomparvero nel silenzio, l'*"aura dolce e leggera"* (I Re 19,12) fece intendere i suoi ordini per salvare la vita di Elia.

Questa "nota fondamentale" è una manifestazione diretta dell'Io Superiore che viene utilizzata per impressionare e governare la personalità terrena. Ma una parte della vita, ahimè, è stata infusa nella parte materiale del suo essere, che possiede così una volontà propria e, troppo spesso, le due parti della nostra natura si combattono.

Viene infine un tempo in cui lo spirito è troppo stanco per lottare contro la carne recalcitrante e la "Voce del Silenzio" cessa. Nessun cibo terreno può sostenere da solo una forma quando questo suono armonioso, questa "Parola del Cielo" non risuona più nello spazio vuoto dell'archetipo celeste, poiché l'uomo non vive di solo pane, ma del *Verbo* e l'ultima vibrazione della "nota fondamentale" rappresenta la morte per il corpo fisico.

In questo mondo, siamo costretti a ricercare e a studiare una cosa prima ancora di conoscerla; benché le facilitazioni per acquisire delle informazioni siano, sotto certi aspetti, maggiori nel Mondo del Desiderio, un certo numero di investigazioni sono necessarie per ottenere la conoscenza. Le cose vanno diversamente nel Mondo del Pensiero: se vogliamo ottenere delle informazioni su una cosa, ci basta concentrare l'attenzione su essa e potremo udire la sua voce. Il suono che essa emette permette l'immediata comprensione di ogni aspetto della sua natura: diveniamo coscienti del suo passato, tutta la storia del suo sviluppo ci viene rivelata e ci sembra di aver vissuto le sue esperienze.

Una ricostruzione storica così ottenuta potrebbe risultare estremamente preziosa se non sollevasse un'enorme difficoltà. Tutte queste informazioni, queste immagini viventi, si presentano con rapidità e intensità, in un istante, cosicché non c'è principio né fine. Nel Mondo del Pensiero tutto si colloca in un *eterno presente:* il tempo non esiste.

È per questa ragione che noi, quando desideriamo utilizzare le informazioni degli archetipi del Mondo Fisico, dobbiamo districarle e disporle in ordine cronologico, dando loro un inizio e una fine, in modo che possano risultare comprensibili per gli esseri che vivono in una regione dominata dal tempo. Questo adattamento è assai arduo, in quanto tutte le parole si rapportano alle tre dimensioni dello spazio e all'effimera unità del tempo, il risultato è che molte informazioni rimangono inutilizzate.

Fra gli abitanti di questa Regione del Pensiero Concreto possiamo distinguere due categorie: una è formata dalle "Potenze delle Tenebre", così definite da San Paolo e designate dai mistici occidentali con il nome di "Signori dell'Intelletto". Essi erano nella fase umana all'epoca in cui la Terra era ancora oscura, in una condizione che tutti i mondi in formazione attraversano, prima di diventare luminosi e raggiungere lo stato di nebbia di fuoco. In quel momento noi ci trovavamo allo stadio minerale e lo Spirito Umano, che ora si è svegliato, era allora incrostato nello strato di sostanza mentale costituito dalla terra in quel momento. Lo Spirito Umano era allora addormentato come la vita che anima i minerali ai nostri giorni. Allora i Signori dell'Intelletto ci forgiavano proprio come facciamo noi adesso con gli elementi chimici e minerali della terra per costruire abitazioni, ferrovie, navi, mobili, ecc. Da allora essi sono avanzati di tre gradi attraverso fasi simili a quelle degli angeli ed arcangeli prima di raggiungere l'attuale condizione di intelligenze creative. Esperti nel manipolare la sostanza mentale come noi lo siamo nell'uso delle sostanze minerali, ci hanno fornito l'aiuto necessario per acquisire il più alto grado di sviluppo intellettivo.

Dopo quanto abbiamo detto, potrebbe sembrare assurda l'esortazione di San Paolo ad evitarli come esseri malefici. In realtà la considerazione che il bene e il male sono concetti relativi, ci porta a superare questa apparente difficoltà. Un esempio chiarirà il problema. Supponiamo che un fabbricante di organi abbia costruito un meraviglioso capolavoro. Egli ha eseguito in modo perfetto ciò a cui aspirava e merita di essere lodato per il bene compiuto, ma se non è soddisfatto e vuole migliorarsi inutilmente, se si rifiuta di consegnare la sua opera al musicista che sa suonare lo strumento, se interviene malamente e a sproposito nella sala del concerto, egli agisce male. In modo analogo i Signori dell'Intelletto hanno reso il più grande servizio all'umanità aiutandola ad acquisire la capacità intellettiva, ma da essi provengono numerose sottili influenze alle quali è bene resistere, come consiglia San Paolo.

L'altra categoria da citare è formata dalle "Forze Archetipiche" così definite dalla Scuola di occultismo occidentale. Esse dirigono le energie creatrici archetipiche originarie della Regione del Pensiero Concreto. Gli esseri che compongono questo gruppo particolare, presentano diversi gradi di intelligenza, ne fanno parte anche gli spiriti umani che si trovano ad un certo punto del loro cammino ciclico. Destinato a divenire intelligenza creatrice lo Spirito Umano ha infatti bisogno di una scuola dove poter imparare a creare e progredire, dato che in natura nulla accade all'improvviso. Una ghianda piantata in terra non si trasforma in una quercia maestosa in una notte, ma occorrono anni e anni di crescita lenta e continua, prima di raggiungere la struttura del gigante della foresta. Un uomo non diventa angelo attraverso la morte e l'accesso in un nuovo mondo, come un animale non diventa uomo improvvisamente. Ma, col tempo, tutto ciò che vive sale nella scala evolutiva, dalla zolla di terra fino a Dio. Lo Spirito non conosce limiti, lo Spirito Umano collabora con le altre forze della natura secondo il grado di sviluppo raggiunto. Egli crea e trasforma la terra sulla quale dovrà vivere, e secondo la grande legge di causa ed effetto che vige in natura, raccoglie in terra ciò che ha seminato in cielo e viceversa. La sua crescita avviene lentamente, ma senza posa.

LA REGIONE DEL PENSIERO ASTRATTO

La presenza di religioni diverse nelle varie epoche è stata concessa all'umanità per dare una risposta all'uomo, connaturata alle esigenze spirituali dei diversi popoli, tuttavia tutte le religioni provenienti dalla stessa sorgente divina si fondano sugli stessi principi.

Tutti i sistemi ci insegnano che ci fu un tempo in cui regnava l'*oscurità* completa. Quello che ora percepiamo, allora non esisteva: la terra, i cieli, i corpi celesti, non erano stati create, e così pure le forme molteplici che vivono e si muovono sui pianeti. Tutto, assolutamente tutto, era ancora allo stato fluido e lo Spirito Universale in *riposo* ricopriva lo spazio illimitato come Esistenza Unica.

I Greci chiamavano questa condizione omogenea *Caos* e lo stato metodico di separazione che vediamo attualmente, il cammino dei corpi celesti che illuminano la volta dei cieli, la processione imponente dei pianeti attorno al nucleo di luce centrale, il sole maestoso, la serie continua delle stagioni e l'alternanza invariabile del flusso e del riflusso, tutto questo insieme di ordine sistematico era chiamato *Cosmo* e si supponeva provenisse dal Caos.

Il mistico cristiano meditando sui primi cinque versetti del vangelo di San Giovanni, uno dei gioielli più preziosi di tutte le dottrine, è in grado di raggiungere una comprensione più profonda del mistero.

Aprendo rispettosamente il cuore oltrepassa la materia presente in natura, che comprende i diversi regni di cui abbiamo parlato, egli stesso raggiunge lo spirito, come i profeti del tempo antico. Egli si trova allora nella Regione del Pensiero Astratto e contempla le verità eterne che San Paolo ha visto in questo Terzo Cielo.

Per coloro tra noi che sono incapaci di ottenere la conoscenza se non attraverso il ragionamento, sarà necessario esaminare il significato profondo delle parole usate da San Giovanni per tradurre questo meraviglioso insegnamento: inizialmente scritto in lingua greca il Vangelo di Giovanni è ancora attuale e il suo insegnamento è suffragato dalle più recenti scoperte della scienza moderna.

Leggendo il versetto iniziale del Vangelo di San Giovanni: "In *principio* era il *Verbo* e il *Verbo* era presso *Dio*, ed il *Verbo* era *Dio",* esaminiamo le parole Principio, Verbo e Dio. Da notare che nella versione greca l'ultima frase è: "e Dio era il

Verbo" (käi Theos ên ho Logos), e questo costituisce una prima grande differenza. L'assioma che "nulla può essere ricavato dal nulla" contiene una verità profonda, molto spesso i detrattori hanno affermato che la Bibbia insegna che la creazione proviene "dal nulla". Ammettiamo subito che le traduzioni nelle lingue moderne promulgano questa dottrina erronea, ma abbiamo spiegato nella *"Cosmogonia dei Rosacroce"* (al capitolo "Analisi occulta della Genesi") che il testo ebraico parla di un'*essenza eterna* come principio base da cui all'inizio furono create tutte le forme, la terra e gli astri e San Giovanni dà lo stesso insegnamento.

Nella prima frase del Vangelo di San Giovanni, la parola greca *"Arkhé"* è stata tradotta con *"in principio"* e si può ammettere che abbia questo significato, ma comprende anche altre interpretazioni valide, che rendono meglio l'idea che San Giovanni desiderava esprimere. Questa parola indica una condizione originale, una sorgente principale, un primo inizio, in sintesi *la materia primordiale.*

Vi fu un tempo in cui la scienza insisteva sull'immutabilità degli elementi, sosteneva ad esempio che un atomo di ferro era sempre stato di ferro da quando la terra aveva cominciato ad esistere e sarebbe rimasto tale fino alla fine dei tempi. Si deridevano gli alchimisti, che erano considerati dei sognatori dalla fervida immaginazione o dei pazzi; ma da quando il professor J. J. Thomson ha scoperto l'elettrone, la teoria dell'immutabilità della materia non può più essere difesa a lungo, il principio della radioattività ha giustificato più tardi gli alchimisti. La scienza e la Bibbia si accordano nell'insegnare che tutto quanto esiste proviene da una sola sostanza omogenea.

È questo principio fondamentale che San Giovanni definì "*arkhé*" - materia primordiale. Il dizionario definisce l'*archeologia* come la scienza dell'origine (*arkhé*) delle cose, i Massoni designano Dio come il Grande *Architetto*, perché la parola greca *"tektôn"* significa costruttore, e Dio è il costruttore supremo (*tektôn*) di *Arkhé* - la materia vergine primordiale, sorgente principale di ogni cosa.

Correttamente tradotta la prima frase del Vangelo di San Giovanni si può affermare che anche la religione cristiana sostenga l'esistenza di una sostanza vergine che circondava il Divino Pensatore, Dio.

Si tratta della stessa condizione che i primi greci definivano Caos. Ad una più attenta riflessione la critica dell'errata traduzione del Vangelo risulta non arbitraria, perché è evidente che una parola o "Verbo" non può essere il principio: il pensiero deve precedere il verbo e il Pensatore deve prima creare un pensiero e poi esprimerlo con la parola.

Se il testo è tradotto correttamente, l'insegnamento di Giovanni concorda perfettamente con questa idea, in quanto il termine greco "logos" indica sia il pensiero ragionato o "logico", sia il termine che esprime questo pensiero "logico":

1) *Nella sostanza primordiale si trovava il pensiero e il pensiero era con Dio e Dio era il verbo.*

2) *Il verbo era anche con Dio nello stato primordiale.*
   Più tardi il *Verbo* divino, il Fiat creatore, si è riflesso nello spazio e ha diviso la sostanza vergine ed omogenea in forme isolate.

3) *Ogni cosa è venuta ad esistere a causa di questo fatto primordiale (il verbo di Dio) e nulla esiste al di fuori di questo fatto.*

4) *In Lui era la vita.*

Nell'alfabeto troviamo dei suoni elementari con i quali si possono formare delle parole, essi costituiscono gli elementi fondamentali dell'espressione, come i mattoni, il ferro, il legno, sono dei materiali grezzi indispensabili in architettura oppure come le note sono gli elementi costitutivi della partitura musicale.

Ma un mucchio di mattoni, di ferro e di legno non possono certo formare una casa; una confusione di note non può dirsi musica, dei suoni alfabetici raggruppati alla rinfusa non formano una parola. Questi materiali grezzi sono di primaria necessità in architettura, in musica, in letteratura o in poesia, ma l'aspetto del prodotto finito e lo scopo per il quale è stato costruito dipendono dall'abbinamento delle materie grezze secondo l'idea del costruttore. Dei materiali da costruzione possono formare un palazzo o una prigione; le note musicali possono essere disposte per comporre una fanfare o un inno funebre; un gruppo di parole può ispirare sentimenti diversi, sempre secondo la volontà dell'autore. Lo stesso accade per il Verbo di Dio, che con il suo ritmo maestoso ha forgiato la sostanza primordiale - *arkhé* – in una moltitudine di forme che compongono il mondo fenomenico, secondo la Sua volontà.

Ha mai riflettuto il lettore sul potere meraviglioso del verbo umano? Giungendoci adorno di dolci accenti d'amore può condurci lontano dal sentiero della rettitudine, facendoci cadere nell'ignominia e rovinando la nostra vita con rimorsi e sofferenze, oppure può essere di stimolo alle nostre azioni più nobili per acquisire gloria ed onore, qui e nell'aldilà. Secondo l'influenza della voce una parola può terrorizzare il cuore più saldo, oppure fare cadere il fanciullo timoroso in un profondo sonno. Le parole di un agitatore possono risvegliare le passioni della folla fino a spingerla a compiere azioni sanguinarie come ai tempi della Rivoluzione Francese, quando i delegati del popolo uccidevano ed esiliavano a piacere. La canzone "Casa, dolce casa" può consolidare l'accordo familiare al punto da rendere impossibile ogni rottura.

Le parole giuste sono vere e, di conseguenza, libere: il tempo e lo spazio non possono imprigionarle o ostacolarle in alcun modo. Esse si propagano fino ai confini della terra e quando le labbra che le pronunciarono per prime saranno scomparse, altre voci porteranno con inesauribile entusiasmo il loro messaggio di vita e di amore. Ne sono esempio le parole mistiche "Venite a me", risuonate in molte lingue, hanno portato un balsamo consolatore a molti cuori afflitti.

Le parole di pace sono risultate vittoriose laddove la guerra non avrebbe portato altro che disfatta, e non vi è dote più felice di quella di saper dire la parola giusta al momento propizio.

Considerando così l'immenso potere del verbo umano, possiamo concepire solo vagamente la grande potenza del Verbo di Dio, il Creatore quando, simile a una formidabile forza, ha squillato per la prima volta attraverso lo spazio cominciando a dare forma alla sostanza primordiale nei mondi, come il suono di un archetto di un violino crea delle forme geometriche nella sabbia. Ma *il Verbo di Dio continua a vibrare* per mantenere il cammino celeste dei globi e farli avanzare nel loro sentiero ciclico; il Verbo Creatore continua a produrre forme di efficacia sempre crescente, quale mezzo d'espressione della vita e della coscienza. L'armoniosa enunciazione di sillabe consecutive del Verbo Creatore divino, scandisce il ritmo dell'evoluzione dell'uomo e del mondo. Allorquando sarà pronunciata l'ultima sillaba e il Verbo intero sarà risuonato, avremo raggiunto la perfezione quali esseri umani. In quel momento si compirà la fine dei tempi e, con l'ultima vibrazione del Verbo di Dio, i mondi si disintegreranno nei loro elementi originali. La nostra vita sarà "celata col Cristo in Dio" (Colossesi 3,3) fino a che terminerà la Notte Cosmica, il Caos, allora ci risveglieremo per compiere "cose più grandi" in un "nuovo cielo e una nuova terra".

Secondo il concetto generale, il Caos e il Cosmo rappresentano delle antitesi assolute, considerando il Caos come un'antica condizione di confusione e di disordine che da molto tempo è stata fatalmente sostituita dall'ordine cosmico che prevale attualmente.

In realtà, il Caos è il terreno nutritivo del Cosmo, base di ogni progresso, dal quale provengono tutte le *idee* che più tardi si materializzano sotto forme diverse, per esempio le navi, le ferrovie e gli altri mezzi di comunicazione.

Noi parliamo di "pensieri concepiti dalla mente", ma come occorrono madre e padre per creare un figlio, così *l'idea* e *la mente* devono esistere prima che un *pensiero* possa essere concepito. Come il seme che ha germinato nell'organo positivo maschile è proiettato nell'utero negativo nel momento del concepimento, così le idee sono generate dall'Ego umano positivo nella sostanza-spirito della Regione del Pensiero Astratto. L'idea è quindi proiettata nella mente ricettiva ed ha così luogo un concepimento. Allora, come lo spermatozoo attira dal corpo materno delle sostanze per formare un corpo che sia espressione del nuovo individuo, così ogni idea si sviluppa in una forma particolare di sostanza mentale. Diventa allora pensiero, visibile al chiaroveggente, come un bambino ai genitori.

Si deduce così che le idee sono in realtà pensieri in embrione, nuclei di sostanza spirituale proveniente dalla Regione del Pensiero Astratto. Se vengono concepite impropriamente da una mente caotica, prendono la forma di capricci o di illusioni, ma se concepite da uno spirito sano e formulate in pensieri razionali, costituiscono la base imprescindibile di ogni progresso materiale, morale e mentale. Più il contatto col Caos è stretto, migliore risulterà il Cosmo perché in questa regione delle realtà astratte, la verità non è ostacolata dalla materia, ma è evidente di per sé.

Pilato chiese: *"Che cos'è la verità?"* (Giovanni 18,38), ma non ottenne risposta. Noi siamo incapaci di conoscere la verità astratta fino a quando ci troviamo nel mondo fenomenico, perché la natura inerte della materia è illusione e inganno, e dobbiamo avanzare delle riserve e apportare delle correzioni più o meno coscientemente. Il raggio di sole che proviene da 150 milioni di miglia in linea retta si rifrange e si curva appena incontra la nostra atmosfera densa e, secondo l'angolo di rifrazione, può sembrare di un colore o di un altro. Il bastone più dritto sembra spezzato quando viene immerso in parte nell'acqua, e le verità che sono così evidenti nei mondi superiori sono oscurate, rifratte o deformate dalle condizioni illusorie di questo mondo materiale, al punto da essere irriconoscibili.

"La Verità vi rende liberi" (Giovanni 8,32), ha detto il Cristo, e più noi deviamo le nostre aspirazioni delle acquisizioni materiali, cercando di accumulare tesori in cielo per elevarci, "per raccogliere in spirito", più rapidamente "conosceremo la verità" e raggiungeremo la libertà dalle catene della carne che ci legano a questo ambiente limitato, giungendo in una sfera di maggiore utilità.

Lo studio della filosofia e della scienza tende a favorire la percezione della verità, e nel suo progresso la scienza si è gradualmente allontanata dal materialismo di altri tempi. È ormai prossimo il momento in cui essa sarà più vicina alla religione della Chiesa stessa. Si dice che le scienze matematiche siano aride perché non producono emozioni: quando si insegna che la somma degli angoli di un triangolo è di 180 gradi, la cosa viene subito accettata perché questa verità è di per se stessa evidente e l'apprendimento non suscita alcun sentimento. Ma quando è promulgata una dottrina come quella dell'Immacolata Concezione, che suscita sentimenti contrastanti, si scatenano lotte sanguinarie e controversie infinite che lasciano comunque adito al dubbio. Pitagora chiedeva ai suoi allievi di studiare la matematica perché conosceva la facoltà di questa scienza di innalzare lo spirito al di sopra della sfera dei sentimenti, dove è soggetto all'illusione, e consentiva loro di raggiungere la Regione del Pensiero Astratto che rappresenta la realtà primaria.

Qui ci occupiamo in modo particolare dei mondi, perciò ci limiteremo a qualche commento su ciò che resta da analizzare dei primi cinque versetti del Vangelo di San Giovanni:

5) *E la vita divenne la luce degli uomini e la luce splendette nelle tenebre"*.

Abbiamo visto che la terra è composta di tre mondi che si compenetrano l'un l'altro, in quest'ottica le parole del Cristo: "Il cielo è in voi" risultano esatte, anche se sarebbe stata preferibile la traduzione *"fra di voi"*. Abbiamo anche visto che di questi tre mondi, due sono suddivisi in regioni. È stato anche spiegato che ogni parte è destinata a giocare un ruolo importante nello sviluppo delle svariate forme di vita che dimorano in ciascuno di questi mondi, possiamo aggiungere che le regioni inferiori del Mondo del Desiderio costituiscono quello che la religione cattolica chiama *Purgatorio*, luogo dove il male di una vita trascorsa viene tramutato in bene, utilizzabile dallo spirito come coscienza nelle vite future. Le regioni superiori del Mondo del Desiderio costituiscono invece il *Primo Cielo*, dove tutto il bene che un uomo ha potuto compiere è assimilato dallo spirito come *potere animico*. Il *Secondo Cielo* è costituito dalla Regione del Pensiero Concreto dove, come abbiamo già detto, lo spirito prepara il suo ambiente futuro sulla terra; *il Terzo Cielo* rappresenta la Regione del Pensiero Astratto ma, come dichiara Paolo, ci è appena consentito di parlarne.

Alcuni potrebbero chiedere: "Non esiste l'inferno?" No! La *misericordia di Dio* è completamente volta al *bene,* quanto l'*inumanità dell'uomo* è tesa alla crudeltà, sarebbero infatti sufficienti pochi errori puerili, commessi nel breve volgere della esistenza terrena, o credenze diverse per condannare un fratello alle fiamme dell'inferno per tutta l'eternità. L'autore ha sentito un prete che voleva convincere i fedeli della reale esistenza delle eterne fiamme infernali e dimostrare la falsità delle nozioni eretiche sostenute da alcuni suoi parrocchiani, secondo cui i peccatori giunti all'inferno sarebbero stati istantaneamente ridotti in cenere.

Il prete prese una lampada ad alcool e dell'amianto che depose sulla sedia, poi annunciò all'uditorio che Dio avrebbe trasformato le loro anime in una sostanza simile all'amianto. Dimostrò loro che l'amianto arrossato diveniva bianco e non si decomponeva in cenere. Fortunatamente oggi il tempo dei predicatori dell'inferno è passato. Se noi crediamo alla Bibbia che dichiara: "In Dio abbiamo la vita, il movimento e l'essere" (Atti 17,28), comprendiamo immediatamente che *sarebbe impossibile per un'anima perdersi*, perché se anche una sola anima si perdesse, si perderebbe una parte di Dio stesso. Qualunque sia il nostro colore, la nostra razza o il nostro credo, siamo tutti figli di Dio e per strade diverse, raggiungeremmo tutti la meta. Guardiamo piuttosto il Cristo e dimentichiamo il dogma.

IL DOGMA O CRISTO?

"Non ama Dio chi odia il suo prossimo,
Chi calpesta il cuore e l'anima di suo fratello,
Chi cerca di oscurare la mente
Con la paura dell'inferno, non ha compreso lo scopo finale.

Tutte le religioni ci sono state date da Dio.
Ed è il Cristo la Via, la Verità, la Vita.
Egli dona riposo a chi è schiacciato da pesante fardello,
La pace a chi è oppresso dalle prove e dal peccato.

Per suo volere, lo Spirito Universale si è manifestato
In tutte le Chiese e non in una soltanto;
Il giorno della Pentecoste una lingua di fiamma
Coronò ciascun apostolo, come un'aureola.

Da allora come avvoltoi affamati e feroci
Abbiamo combattuto per parole vuote di senso.
In nome di dogmi, di editti e di leggi
Abbiamo inviato al rogo i nostri fratelli.

Cristo ha dunque due facce?
Pietro e Paolo non sono stati crocifissi?
Allora perché siamo divisi
Se l'amore del Cristo ci abbraccia tutti, voi e noi?

Il suo amore fatto di dolcezza non è limitato
Dai dogmi che dividono ed innalzano muraglie.
Comprende e abbraccia tutti gli esseri umani,
Qualunque sia la loro denominazione o la nostra.

Allora perché non credere alla sua parola?
Perché ammettere dogmi che ci dividono?
Poiché una cosa sola conta,
Che l'Amore per il prossimo abiti in ogni cuore.

Non c'è che un solo ideale necessario al mondo,
Non c'è che un solo balsamo per la povera umanità,
Non c'è che una sola via che conduca verso il cielo;
Questa strada è l'unione dei cuori, è l'amore".

Capitolo IV

LA COSTITUZIONE DELL'UOMO

Il titolo di questo capitolo: "La Costituzione dell'Uomo" può sorprendere il lettore che non abbia in precedenza studiato gli insegnamenti dei Misteri; egli può essere indotto a credere che si tratti di una lezione di anatomia, ma questa non è la nostra intenzione. Abbiamo parlato della terra su cui viviamo e abbiamo osservato come sia composta da diversi mondi invisibili, oltre a quello che percepiamo con i sensi. Abbiamo trattato anche dell'uomo e del suo legame con le varie parti della natura. Ora riflettendo in modo più approfondito sull'argomento, è facile intuire che, per funzionare in questi diversi piani di esistenza, l'uomo deve avere un corpo composto della loro stessa sostanza, o almeno aver fatta propria una certa quantità di sostanza di ciascuno di questi mondi.

Abbiamo detto che una sostanza sottile, la materia del desiderio e la materia del pensiero, compenetra la nostra atmosfera e la terra solida come il sangue impregna i tessuti del nostro corpo. Ma questo non è sufficiente per spiegare il fenomeno della vita. Se così fosse, i minerali che sono compenetrati dal Mondo del Pensiero e dal Mondo del Desiderio avrebbero la facoltà di pensare e di desiderare, proprio come l'uomo, ma non è così. È evidente che è necessaria qualcosa di più d'una semplice compenetrazione per acquisire la facoltà di pensare e di sentire.

Supponiamo che per poter vivere nel Mondo Fisico, come un essere umano in mezzo ad altri esseri dello stesso genere, dobbiamo avere un corpo fisico nostro, individuale, costituito da componenti fisici del mondo visibile. Quando dopo la morte lo perdiamo, non ricaviamo alcun vantaggio dal fatto che il mondo sia pieno di queste sostanze chimiche necessarie per costruire un corpo. Non possiamo più farle nostre, di conseguenza, risultiamo invisibili agli altri. Lo stesso accadrebbe se non possedessimo un corpo fatto di etere; non potremmo crescere e riprodurci; il minerale si trova in questo stato. Se non avessimo un corpo del desiderio individuale saremmo incapaci di provare delle emozioni e dei desideri; nulla ci spingerebbe ad andare da un luogo ad un altro; rimarremmo fermi come le piante. Se non possedessimo una mente, saremmo incapaci di pensare e agiremmo impulsivamente e istintivamente come gli animali.

Senza dubbio alcuni potrebbero sollevare obiezioni riguardo quest'ultima affermazione e sostenere che gli animali pensano. Per quanto riguarda gli animali domestici ciò può essere vero in parte, ma la loro capacità di ragionare è ridotta rispetto a quella degli esseri umani. Comprenderemo forse meglio la differenza prendendo come esempio l'elettricità. Quando la corrente elettrica ad *alto voltaggio* passa attraverso i fili di rame di una bobina e un altro filo è posto al centro della bobina, quest'ultimo si carica di elettricità ad un *voltaggio inferiore*. Lo stesso accade per l'animale quando si trova a contatto con l'ambiente mentale dell'uomo che gli comunica un'attività intellettiva di ordine inferiore.

Possediamo, dunque, oltre al corpo denso, dei veicoli invisibili, e l'uomo stesso è uno spirito che abita questi veicoli. Esamineremo ora brevemente la costituzione di questi veicoli, che, benché invisibili alla vista ordinaria, sono percepibili dalla vista spirituale come lo è il corpo denso dalla vista fisica.

IL CORPO VITALE

Il nostro corpo eterico è definito "Corpo Vitale" nelle Scuole dei Misteri Occidentali, dato che, come abbiamo visto in precedenza, l'etere è il trasmettitore delle forze vitali che provengono dal Sole, e il campo delle forze della natura che favoriscono le attività vitali come l'assimilazione, la crescita e la propagazione.

Questo veicolo rappresenta la riproduzione esatta del corpo visibile, molecola per molecola, organo per organo, con una sola eccezione che noteremo più tardi, ma è soltanto un po' più grande, estendendosi di circa quattro centimetri oltre la periferia del corpo denso.

La milza è la porta di entrata delle forze che *vitalizzano* il corpo: nella corrispondente parte eterica, l'energia solare è tramutata in un fluido vitale di color rosa pallido, che da lì si spande in tutto il sistema nervoso e dopo essere stato utilizzato dal corpo si irradia al di fuori in maniera analoga ai pungiglioni del riccio.

I raggi del sole sono trasmessi direttamente o riflessi dai pianeti e dalla luna. I raggi provenienti direttamente dal sole conferiscono all'uomo la luce spirituale; i raggi ricevuti dai pianeti producono l'intelligenza, la moralità e la crescita spirituale, ma i raggi riflessi dalla luna servono alla crescita fisica, come è facilmente intuibile osservando le piante che crescono in modo diverso se sono interrate nel periodo di Luna Piena o di Luna Nuova. Si può anche notare un comportamento diverso che varia se le piante vengono seminate quando la Luna si trova in un segno fertile o in uno sterile.

Il raggio solare è assorbito dallo spirito umano che ha la sua sede al centro della fronte, il cervello e il midollo spinale assorbono i raggi planetari, mentre i raggi lunari penetrano nel nostro organismo attraverso la milza.

I raggi planetari, solari e lunari sono di tre colori e nei raggi lunari, che provvedono alla nostra forza vitale, il raggio blu rappresenta la vita del Padre che provoca la germinazione; il raggio giallo è la vita del Figlio, principio del nutrimento e della crescita, e il raggio rosso, o vita dello Spirito Santo, stimola l'azione che usa l'energia accumulata dalle forze gialle. Questo principio è particolarmente attivo nella generazione.

I diversi regni assorbono questa forza vitale, secondo la loro costituzione. Gli animali possiedono ventotto paia di nervi spinali, che corrispondono al mese lunare di ventotto giorni, sono di conseguenza incapaci di assorbire il raggio proveniente direttamente dal Sole e necessitano di uno Spirito-gruppo che permetta la penetrazione dei raggi planetari, indispensabili per l'acquisizione della coscienza.

L'uomo si trova in uno stadio di transizione: possiede trentuno paia di nervi spinali in accordo con il mese solare, ma i nervi della "coda del cavallo", alla fine della spina dorsale, sono ancora poco sviluppati per servire da canale ai raggi spirituali del sole. Svilupperemo questi nervi in seguito in modo proporzionale all'elevazione delle forze creatrici per mezzo di pensieri spirituali, questi nervi allora risveglieranno le facoltà assopite dello spirito. Ma è pericoloso cercare di ottenere questo sviluppo se non si è guidati da un istruttore qualificato, per questo sconsigliamo seriamente al lettore di servirsi di metodi pubblicati su certi libri o ottenuti dietro pagamento, perché queste pratiche possono portare frequentemente alla pazzia. Il vero metodo non è mai ceduto per denaro o altro compenso, piccolo o grande che sia, viene sempre concesso gratuitamente secondo il merito. "Chiedete e riceverete, cercate e troverete, bussate e vi sarà aperto", disse il Cristo. Se la nostra vita è una continua preghiera per ricevere la luce, le ricerche non saranno vane poiché non si bussa invano alla porta.

Quando l'energia solare è stata trasmutata nella milza, si spande in tutto il sistema nervoso, brillando di un colore rosa delicato, e svolge la stessa funzione dell'elettricità nel sistema telegrafico. Possiamo portare l'elettricità da una città all'altra, costruire delle stazioni telegrafiche e installare ricevitori e trasmettitori; possiamo anche munire gli impianti di operatori pronti a trasmettere e a ricevere i messaggi, ma nulla funzionerà finché la corrente non passerà nei fili. Lo stesso accade per il corpo; lo spirito umano è l'operatore e dalla stazione centrale del cervello si ramificano i nervi, percorrendo tutto il corpo fino ai muscoli. Quando il fluido vitale di cui parliamo attraversa il sistema nervoso, l'Ego può inviare i suoi ordini ai muscoli e farli funzionare, ma se per una ragione qualsiasi il fluido vitale non circola in una parte del corpo, come ad esempio in un braccio o in una gamba, lo spirito allora non può muovere quella parte del corpo e noi diciamo che essa è paralizzata.

Quando siamo in buona salute, incameriamo l'energia solare in quantità tale che il corpo non può usarla tutta, di conseguenza parte di questa energia si sprigiona attraverso i pori della pelle in due correnti rettilinee che svolgono una funzione analoga a quella di un ventilatore che scacci l'aria viziata da una sala e conservi l'atmosfera pura e gradevole. La forza vitale eccedente che esce dal corpo, scaccia a sua volta i gas perniciosi, i microbi deleteri contribuendo a conservare la salute. Questa forza è in grado anche di sbarrare l'entrata alle miriadi di germi patogeni che formicolano nell'atmosfera, per lo stesso principio secondo cui un insetto non può posarsi là dove sia in funzione un ventilatore. Così essa svolge un'azione benefica anche dopo essere stata utilizzata nel corpo, prima di ritornare allo stato libero.

Vedere per la prima volta un flusso di stelline, di piramidi e di altre forme geometriche scaturire dalle parti scoperte del corpo, come il viso e le mani, è uno spettacolo sorprendente. All'inizio, osservando questo fenomeno, l'autore credeva di avere delle allucinazioni, e si è più volte stropicciato gli occhi. Le forme così osservate erano degli atomi chimici espulsi dai pori dopo aver assolto la loro funzione nel corpo.

Il fluido vitale è il mezzo usato dalle forze della natura per introdurre il nutrimento nel corpo, di conseguenza viene consumato in gran quantità dopo un pasto, causando un temporaneo indebolimento delle radiazioni durante la digestione. Se il pasto è stato abbondante, il flusso dei residui diminuisce considerevolmente, il fluido vitale non purifica più il corpo in modo perfetto, come avviene quando il cibo è stato digerito, e le radiazioni non agiscono allo stesso modo contro i germi nemici per proteggerci. Ne risulta che siamo soggetti a raffreddori e ad altre malattie causate da un eccessivo nutrimento, errore che si dovrebbe evitare per restare in buona salute.

Quando la salute è debole, il Corpo Vitale incamera pochissima energia solare. Sembra allora che, per un po' di tempo, il corpo visibile si nutra del Corpo Vitale, rendendolo debole e quasi trasparente, mentre il corpo fisico mostra uno stato di magrezza. Durante la malattia le radiazioni emesse dalla forza vitale sono quasi del tutto assenti, perciò sorgono facilmente delle complicazioni.

Sebbene la scienza non abbia osservato direttamente il Corpo Vitale dell'uomo, in parecchi casi ha postulato l'esistenza di un veicolo per spiegare alcuni fenomeni biologici. Le radiazioni sono state osservate dagli scienziati a più riprese e in svariate condizioni: Blondlot e Charpentier le hanno definite "Raggi N" per indicare la città di Nantes dove le radiazioni sono state osservate per la prima volta; altri le hanno chiamate "fluido odico". Alcuni ricercatori scientifici che hanno condotto ricerche su fenomeni psichici hanno fotografato questo fluido, estratto dalla milza dei medium dagli spiriti-giuda. Il dottor Hotz, ad esempio, ha ottenuto due fotografie con il medium tedesco Minna Demmler in cui è evidente un caso di materializzazione. Su una delle foto è visibile una nube di etere mentre esce dalla parte sinistra della medium. La seconda foto, presa alcuni istanti più tardi, mostra lo spirito materializzato di fianco alla medium. Altre fotografie della medium Eusapia Palladino, ottenute da esperti, ci mostrano una nube luminosa al di sopra della parte sinistra del corpo.

Abbiamo osservato all'inizio di questa descrizione, che il Corpo Vitale corrisponde esattamente al corpo denso con un'unica eccezione: è infatti di sesso opposto, o piuttosto dovremmo dire di polarità opposta. Poiché il Corpo Vitale nutre il corpo denso, il sangue rappresenta la sua più alta espressione visibile, è ovvio che un Corpo Vitale polarizzato positivamente genererà più sangue di uno polarizzato negativamente. La donna, che è fisicamente negativa, possiede un corpo vitale positivo, ne risulta che produce un eccesso di sangue dal quale viene liberata mediante il flusso periodico. È inoltre più incline al pianto, che rappresenta una sorta di "emorragia bianca", dell'uomo il cui Corpo Vitale negativo non crea sangue in eccesso.

IL CORPO DEL DESIDERIO

Oltre al corpo visibile e al Corpo Vitale, possediamo un altro veicolo, composto di sostanza-desiderio, con cui diamo forma ai sentimenti e alle emozioni. Questo veicolo ci spinge anche a cercare la soddisfazione dei sensi. Ma mentre i due strumenti dei quali abbiamo già parlato sono bene organizzati, il Corpo del Desiderio appare alla vista spirituale sotto forma di un ovoide nebuloso, che si estende da 40 a 50 centimetri oltre il Corpo Fisico. Supera la testa e i piedi, in modo che il corpo denso si trovi al centro di questa nube ovoidale come il tuorlo è al centro dell'uovo.

Questo veicolo si trova in uno stato rudimentale perché è stato aggiunto più recentemente rispetto agli altri corpi. L'evoluzione delle forme può essere paragonata al modo in cui i fluidi della lumaca si condensano dapprima in un corpo, poi in conchiglia dura. Il Corpo Fisico attuale, quando si trovava in germe nello Spirito, era dapprima una forma-pensiero, ma è diventato gradualmente più denso fino a trasformarsi in una cristallizzazione chimica. Il Corpo Vitale è nato a sua volta dallo Spirito come forma-pensiero, e si trova nella terza fase di concretizzazione, che è eterica. Il Corpo del Desiderio è invece un'acquisizione più recente, anch'esso inizialmente era una forma-pensiero che si è condensata in sostanza-desiderio. La Mente, ultima ad essere acquisita, è ancora una semplice forma-pensiero nebulosa.

Braccia e gambe, orecchie ed occhi, non sono necessari per utilizzare il Corpo del Desiderio; esso può scivolare attraverso lo spazio molto più velocemente del vento senza alcun mezzo di locomozione, indispensabile nel mondo visibile. Quando lo si esamina con la vista spirituale, si distinguono nel Corpo del Desiderio parecchi centri vorticosi. Abbiamo già spiegato che una delle caratteristiche della materia-desiderio è di essere in costante movimento: dal centro principale, situato nella regione del fegato, un flusso continuo si irradia verso la periferia del corpo a forma di uovo, per poi tornare verso il centro attraverso altri vortici. Il Corpo del Desiderio presenta tutti i colori e le sfumature che conosciamo e numerose altre che è impossibile esprimere con le parole. Questi colori variano secondo il temperamento e le caratteristiche di ogni persona, si trasformano secondo l'umore, il capriccio e le emozioni. In ogni essere tuttavia è presente un colore fondamentale, proveniente dal pianeta principale del tema natale. Chi presenta ad esempio nel proprio oroscopo Marte particolarmente potente, ha l'aura tinta di colore scarlatto. Dove domina Giove, prevale il colore bluastro, e così via per ogni pianeta.

In un'epoca lontana la solidificazione della crosta terrestre era incompleta, gli uomini vivevano su isole sparpagliate in mezzo a mari bollenti. Non avevano ancora sviluppato né occhi, né orecchie, ma presentavano una protuberanza dietro la testa, la ghiandola pineale, piccolo organo che gli anatomisti hanno definito *terzo occhio*. Organo di sensazione localizzato, avvertiva l'uomo del pericolo quando si avvicinava troppo ad un cratere e gli consentiva di salvarsi dalla distruzione. Da allora gli emisferi cerebrali hanno coperto la ghiandola pineale e, invece di un semplice organo sensitivo, tutto il corpo è divenuto sensibile, interiormente ed esteriormente, cosa che naturalmente presuppone uno stadio di sviluppo più avanzato.

Nel Corpo del Desiderio ogni particella è sensibile a vibrazioni simili a quelle che chiamiamo vista, suono, sensazione, ed ogni particella si trova in un movimento incessante, muovendosi vorticosamente da un lato all'altro, di modo che può trovarsi quasi nello stesso istante in basso o in alto del Corpo del Desiderio e comunicare la sensazione che sta sperimentando a tutte le altre particelle. Il Corpo del Desiderio ha una natura estremamente sensibile, capace di provare i sentimenti e le emozioni più intense.

LA MENTE

La Mente rappresenta l'ultimo veicolo dato allo spirito umano: per questo motivo essa ha ancora la forma rudimentale di una nube, che occupa la regione della testa, in quei soggetti che non hanno l'abitudine di pensare in modo coerente e ordinato. Osservando una persona con la visione chiaroveggente, si nota uno spazio vuoto al centro della fronte, proprio al di sopra e in mezzo alle sopracciglia, che somiglia alla parte blu della fiamma del gas. Si tratta della materia mentale che vela lo Spirito Umano o Ego. È stato rivelato all'autore che anche il chiaroveggente più dotato non saprebbe penetrare questo velo; è il Velo d'Iside dell'antico Egitto che nessuno può sollevare senza perire, perché dietro questo velo è celato il Santo dei Santi, il tempio ove lo spirito deve dimorare al sicuro e al riparo da ogni intrusione.

Coloro che non hanno studiato fino a questo momento la filosofia potrebbero chiedersi: perché tutte queste distinzioni? La Bibbia parla solo di anima e di corpo, e molti pensano che anima e spirito siano sinonimi.

Noi rispondiamo che queste distinzioni non sono affatto arbitrarie, ma necessarie, poiché si fondano su fatti reali presenti in natura. Nella prima epistola ai Tessalonicesi (5,23) San Paolo menziona lo spirito (in greco "pneuma") l'anima (psukhé) e il corpo (sôma). Esiste dunque senz'altro un corpo e un corpo “psichico” o corpo dell’anima, formato dai frutti delle nostre esperienze, oltre al triplice Spirito (pneuma) che, con l’aiuto dei veicoli di cui è rivestito viene a fare le sue esperienze quaggiù.

Il nome latino dello Spirito è *Ego* o “Io”, ed è un nome che lo spirito umano può dare solo a se stesso. Noi tutti possiamo chiamare il cane, cane, o una tavola, tavola, e tutti possiamo dare lo stesso nome al cane e alla tavola, ma solo l’essere umano può chiamarsi “IO”, perché è il segno della coscienza di sé, è la consapevolezza dello spirito umano di *essere* un’entità separata e distinta da tutte le altre.

Vediamo così che la costituzione dell’uomo è più complicata di quanto a prima vista possa apparire; esamineremo ora l’effetto delle diverse condizioni della vita su questo essere molteplice.

Capitolo V

LA VITA E LA MORTE

AUSILIARI INVISIBILI E MEDIUM

Nel mondo esistono due classi di persone. La prima è formata da soggetti che presentano il Corpo Denso e il Corpo Vitale fortemente saldati, tanto che gli eteri, aderendo costantemente al Corpo Fisico dalla nascita fino alla morte, non possono essere estratti. Queste persone risultano totalmente insensibili a tutto ciò che non è percepibile con la vista e con l'udito, in genere molto scettiche, credono che non esista nulla al di fuori di quello che si può vedere e sentire.

L'altra classe è formata da soggetti che presentano un allentamento tra il Corpo Denso e il Corpo Vitale, permettendo all'etere del Corpo Vitale di vibrare a livelli impensabili per i soggetti della prima classe. Sensibili al mondo spirituale, alcuni sono deboli di carattere, facilmente dominabili cadono vittime della volontà altrui. È il caso dei medium, prede di spiriti disincarnati, desiderosi di ottenere un corpo fisico per sostituire quello che la morte ha loro tolto.

Non mancano i sensitivi *"positivi"* in grado di agire secondo la propria volontà, e di diventare col tempo chiaroveggenti esperti.

In entrambi i casi è possibile estrarre dai sensitivi una parte dell'etere che forma il Corpo Vitale. Quando uno spirito disincarnato incontra un soggetto simile lo trasforma in un *medium di materializzazione*. L'uomo capace di estrarre il proprio Corpo Vitale con un atto di volontà diventa un cittadino dei due mondi, indipendente e libero, è un *ausiliario invisibile*. Il Corpo Vitale e il Corpo Denso risultano talvolta separati totalmente o in parte, quando ad esempio poniamo un arto in una posizione scomoda ostacolando la circolazione del sangue, vediamo l'arto eterico pendere al di sotto di quello fisico. Quando ristabiliamo la circolazione e l'arto cerca di riprendere la sua posizione, si avverte una sensazione di formicolio dovuto alle piccole correnti di forza che si irradiano attraverso l'etere cercando di penetrare entro le molecole dell'arto materiale per farle vibrare di nuovo. Quando una persona annega, il Corpo Vitale si separa dal corpo denso e il formicolio che essa sente quando la si rianima, è dovuto alla stessa causa.

Quando siamo svegli e pronti a fare il nostro lavoro nel Mondo Fisico, il Corpo del Desiderio e la Mente compenetrano il Corpo Denso e il Corpo Vitale, e una guerra costante si scatena tra la natura-desiderio e il Corpo Vitale. Il Corpo Vitale rigenera senza sosta l'organismo umano, mentre gli impulsi del Corpo del Desiderio tendono ad affaticare e a consumare i tessuti. Durante il giorno, il Corpo Vitale perde gradatamente terreno di fronte agli assalti del Corpo del Desiderio, si accumulano dei veleni e la circolazione del fluido vitale rallenta sempre più fino a diventare alla fine incapace di far muovere i muscoli. Il corpo allora si assopisce avvertendo un senso di pesantezza, finendo con l'afflosciarsi, a questo punto sembra che le correnti vitali cessino di infiltrarsi nei singoli atomi. L'Ego è allora costretto ad abbandonare il corpo al potere ricostituente del sonno.

Quando una costruzione si deteriora e dev'essere *ristrutturata*, gli abitanti devono evacuare per lasciare campo libero agli operai, lo stesso accade quando la dimora di uno spirito diventa inutilizzabile: lo spirito è costretto ad abbandonarla.

Poiché il Corpo del Desiderio ha causato il danno, è logico che anch'esso si ritiri. Ogni sera, quando il corpo sente la stanchezza, i veicoli superiori fuggono, solo il corpo denso e il corpo vitale restano nel letto.

Comincia allora il processo di rigenerazione che dura un tempo più o meno lungo secondo le circostanze.

Talvolta, però, il Corpo del Desiderio si attacca in modo così forte al Corpo Denso che rifiuta di separarsene. Quando è molto interessato ai fatti della giornata, continua a riflettere nonostante l'affaticamento del Corpo Fisico ed esce solo a metà. In questa condizione le visioni e i suoni possono trasmettersi dal Mondo del Desiderio al cervello, ma visto il legame necessariamente imperfetto, ne risultano sogni confusi. Inoltre dato che il Corpo del Desiderio dirige i movimenti, il suo parziale abbandono del Corpo Denso può causare un sonno agitato, turbato da sogni confusi. Infatti i sogni profetici che prendono la forma di premonizioni, non avvengono mai prima dell'allontanamento completo del Corpo del Desiderio. Se lo spirito ha avvertito un pericolo, immette il fatto nel cervello al *momento del risveglio*.

Capita anche che lo spirito intraprenda un volo animico e dimentichi di prendere parte all'opera di rigenerazione, allora il corpo non è nella condizione adatta per farvi ritorno al mattino e il sonno continua in questo caso. Lo spirito può errare alla ventura per parecchi giorni o anche settimane prima di rientrare nel corpo fisico e riprendere il corso normale del sonno e del risveglio. Questa condizione è definita *coma*. Al suo ritorno, lo spirito può ricordarsi ciò che ha visto e inteso nella regione superfisica, oppure averlo dimenticato secondo il suo grado di sviluppo e l'intensità del coma. Quando tale condizione è leggera, lo spirito è sempre presente nella camera ove il corpo riposa e, al momento in cui ritorna nel corpo, può raccontare ai suoi quello che è stato detto durante lo stato di incoscienza del corpo. Quando il coma è profondo, lo spirito, al suo ritorno, è in genere inconsapevole di quello che è avvenuto intorno al corpo, ma può raccontare le esperienze vissute nel mondo invisibile.

Alcuni anni or sono a Kankakee, Illinois, una ragazza di nome Florence Bennett cadde in una condizione simile. Di tanto in tanto rientrava nel corpo, ma ogni volta vi rimaneva solo per qualche ora e il coma durò circa tre settimane. Durante i suoi ritorni nel corpo, diceva ai genitori che durante le sue assenze le sembrava di essere in un luogo abitato dai morti, ma che nessuno di essi parlava della morte o, in effetti, non se ne rendeva conto. Ella ebbe l'occasione di vedere il meccanico di una locomotiva che era morto in un incidente, profonde ferite gli avevano mutilato il corpo e provocato il decesso. La ragazza lo vedeva errare senza braccia e con delle lesioni alla testa, esattamente come gli investigatori mistici sono in grado di vedere normalmente. In questa condizione si trovano le persone ferite, finché imparano che il semplice desiderio di vedere il corpo in buono stato si realizza immediatamente, perché il pensiero modella facilmente la sostanza-desiderio.

LA MORTE

Dopo un periodo più o meno lungo, arriva in ogni esistenza un momento in cui le esperienze che lo spirito può fare nell'ambiente che lo circonda si esauriscono; allora la vita si conclude con la morte.

La morte può essere improvvisa o apparentemente inattesa, può avvenire in circostanze straordinarie durante un terremoto, su un campo di battaglia o in un incidente, ma in realtà, la morte non è mai accidentale, essa è sempre prevista dalle forze superiori. Neppure il più umile degli esseri viventi può cadere in terra senza che la sua morte rientri nel disegno della volontà divina. Le biforcazioni che incontriamo nel cammino della vita ci conducono verso mete diverse, da una parte il sentiero continua, dall'altra si arresta in un "impasse", che affretta il momento della morte. Noi siamo qui sulla terra per fare esperienze e in ogni vita abbiamo una messe da raccogliere, se coordiniamo la vita in modo da acquisire la conoscenza che ci era preposta, continuiamo a vivere, e svariate occasioni si presentano sul nostro cammino. Ma se trascuriamo le indicazioni e ci dirigiamo in una direzione che non si addice al nostro sviluppo, allora rischiamo di perdere tempo in un ambiente che non ci fornisce stimoli sufficienti per progredire.

Per questa ragione Esseri grandi e sapienti che sono dietro la scena dell'evoluzione pongono fine alla nostra esistenza per consentirci di intraprendere un nuovo cammino in un'altra sfera.

La legge di conservazione dell'energia non si limita al Mondo Fisico, ma opera anche nelle regioni spirituali, non c'è nulla nella vita che non segua uno scopo. Abbiamo torto a ribellarci contro le circostanze, per quanto sgradevoli; dovremo trarre insegnamento da tutto per vivere una vita lunga e proficua. Qualcuno potrebbe obiettare: "I vostri insegnamenti sono contraddittori. Dite che non esiste una morte reale, che viviamo poi un'esistenza più elevata dove apprendiamo nuovi insegnamenti in un nuovo ambiente. Perché dunque aspirare a una vita lunga quaggiù?"

Noi confermiamo le nostre asserzioni perché perfettamente in accordo con quanto detto in precedenza, infatti ciò che impariamo qui non può essere appreso in altri piani. Dobbiamo educare il Corpo Fisico durante gli anni inutili dell'infanzia, proseguire durante la giovinezza impulsiva, fino alla maturità, prima che tutto questo risulti veramente utile alla crescita dello spirito. Più lunga sarà la nostra permanenza in questa vita dopo aver raggiunto la maturità, quando le esperienze diventano realmente utili per la nostra crescita animica, più il raccolto sarà abbondante e proficuo. In questo modo affronteremo la prossima esistenza partendo da un livello più alto di consapevolezza, e saremo in grado di raggiungere obiettivi impossibili da realizzare nel corso di un'esistenza breve. Inoltre, è triste per un uomo morire agli albori della vita, lasciando una moglie e i bambini che ama, senza poter soddisfare i desideri da "realizzare", costretto ad abbandonare gli amici e i suoi interessi terreni. Una donna legata al focolare e ai piccoli che ha allevato, non può considerare senza provare terrore l'eventualità di abbandonarli senza che nessuno, forse, se ne prenda cura. Se pensa che essi dovranno farsi strada da soli durante gli anni dell'infanzia proprio quando avrebbero bisogno di tenere cure, e che forse saranno trattati con durezza, quando dall'altra parte del velo ella sarà incapace di intervenire, nonostante il dolore, come faceva nella vita terrestre. Tutti questi pensieri *tengono lo spirito attaccato alla terra* per un periodo di tempo che supera quello normale e gli impediscono di raccogliere le esperienze da assimilare dopo la morte. È perciò desiderabile vivere una vita lunga prima di passare nell'al di là.

Si può paragonare la differenza che esiste fra chi muore in età avanzata e chi lascia la terra nel pieno vigore degli anni, al modo in cui il nocciolo aderisce al frutto non ancora maturo. Occorre uno sforzo per staccare il nocciolo da una pesca ancora acerba, perché aderisce tenacemente al frutto, così nel mezzo della vita, lo spirito si aggrappa alla carne conservando una parte degli interessi materiali, che lo tengono legato alla terra. Ma quando la vita è stata pienamente vissuta, quando lo spirito ha avuto il tempo di realizzare le sue ambizioni e di comprenderne la futilità, quando i doveri dell'esistenza sono stati adempiuti ed è pienamente soddisfatto oppure quando la vita è stata impiegata male e il dolore della coscienza ha agito sull'uomo e gli ha mostrato gli errori, quando lo spirito, giunto alla vecchiaia, ha imparato le lezioni della vita, può essere paragonato al nocciolo del frutto maturo, che esce senza difficoltà aprendo l'involucro. Ripetiamo perciò che, sebbene sia riservata una vita più felice a chi è vissuto nel bene, è comunque positivo avere vissuto con intensità una vita lunga.

La negligenza nello approfittare delle occasioni di crescita, o l'aver vissuto fino all'estremo la vita causano la morte. Esiste un'unica eccezione a questa regola dovuta alla divina prerogativa d'interferenza dell'uomo. Se noi vivessimo secondo il ruolo che ci è assegnato, se assimilassimo le esperienze che il Potere Creatore ci elargisce per il nostro progresso spirituale, dovremmo vivere la vita fino in fondo, sfruttando fino alla fine le possibilità che ci offre, ma di solito siamo proprio noi ad accorciare le nostre esistenze non approfittando delle occasioni che si presentano. Può accadere anche che *altre persone* accorcino le nostre vite stroncandole improvvisamente: un omicidio o un incidente fatale causato dalla negligenza umana sono gli unici casi che i Capi invisibili non saprebbero prevedere. Nessuno infatti viene costretto a commettere un delitto o ad agire male, perché altrimenti il castigo che ne consegue non potrebbe essere giustificato. Il Cristo ha detto che il male deve arrivare, ma *guai a colui per il quale il male arriva.* La legge è in armonia con il principio secondo cui "l'uomo raccoglie ciò che semina", perciò *viene lasciata la più ampia libertà di scelta per quanto riguarda le cattive azioni.*

In alcuni casi vengono prolungati i giorni di una persona che ha vissuto un'esistenza al servizio degli altri, utile a se stessa e al suo prossimo, ma può accadere anche che venga abbreviato il tempo a chi ha dato prova di negligenza.

Quando la morte non è né accidentale né improvvisa, ma si verifica al termine di una malattia, in pace e tranquillità, il morente sente una grande oscurità che lo avvolge come un manto mortuario. Numerosi sono coloro che escono dal corpo in simili condizioni e che percepiscono la luce solo dopo essere penetrati nelle regioni superfisiche. In molti altri casi però, l'oscurità scompare prima che lo spirito si liberi dal corpo. Il morente è in grado di vedere contemporaneamente due mondi ed è consapevole della presenza simultanea degli amici morti e di quelli viventi. In dette circostanze capita spesso che una madre veda i propri figli deceduti precedentemente ed esclami con letizia: "Oh! Ecco Gianni vicino ai piedi del letto! Ma come s'è fatto grande!". I presenti possono restare impietriti, ritenendo che la povera madre soffra di allucinazioni, in realtà la vista limitata impedisce loro di percepire la presenza dei loro cari, passati al di là del velo, riuniti intorno alla morente per assisterla nel momento del trapasso.

Ogni essere umano è un individuo distinto da tutti gli altri, come le esperienze, vissute da uno nell'intervallo fra la culla e la tomba, differiscono da quelle di chiunque altro, così possiamo ragionevolmente concludere che le esperienze di ogni spirito variano da quelle di ogni altro, quando oltrepassa le porte della nascita e della morte.

Il testo che segue contiene un *messaggio spirituale* comunicato dal defunto professor James dell'Università di Harward al Tempio spirituale di Boston, in cui descrive le sensazioni percepite alla soglia della morte. Noi non abbiamo effettuato ricerche personali in merito, perciò non possiamo garantire l'autenticità.

Durante la sua vita, il professor James aveva promesso agli amici che dopo la morte avrebbe cercato di comunicare con loro e l'intero mondo delle ricerche psichiche era in attesa di un suo messaggio. Diversi medium hanno sostenuto che il professor James aveva trasmesso loro delle comunicazioni; ma la più significativa è quella fatta al Tempio spirituale di Boston.

"Ed è la morte, semplicemente addormentarsi per risvegliarsi un mattino, sapendo che tutto va bene. Non sono morto, sono resuscitato.(...)

So solo che ho subito un grande choc in tutto il mio organismo come se in me fosse avvenuto un grande strappo. Per un attimo sono rimasto stordito e ho perso coscienza. Risvegliandomi mi sono trovato vicino al vecchio corpo che mi aveva così fedelmente servito. Dire che ero sorpreso sarebbe esprimere in modo inesatto la sensazione che vibrava in tutto il mio essere, ma compresi che aveva avuto luogo una trasformazione straordinaria. All'improvviso mi accorsi che il mio corpo era circondato da numerosi amici, e mi venne l'impulso di parlar con loro e di toccarli per far comprendere loro che ero vivo. Avvicinandomi di qualche passo a colui che era simile a me e che, tuttavia, non era più me stesso, stesi la mano e toccai i miei amici che non vi prestavano attenzione.(...)

Allora il significato e la comprensione del grande cambiamento avvenuto, invasero i miei sensi nuovamente risvegliati. Compresi che una barriera impenetrabile mi separava dai miei cari amici rimasti sulla terra e che questo grande cambiamento era rappresentato dalla morte. Fui invaso da un senso di stanchezza, un desiderio di riposo. Sembravo trasportato nello spazio e persi conoscenza per risvegliarmi in un paese diverso, ma tuttavia molto simile a quello che avevo lasciato. Quando ripresi conoscenza mi fu impossibile descrivere le sensazioni e compresi che, sebbene morto, ero ancora vivente.

Resomi conto del nuovo ambiente in cui mi trovavo mi riposai in un grazioso boschetto e apprezzai, come mai prima di allora, il fatto di essere in pace con me stesso e col mondo.(...)

So che difficilmente saprei descrivervi le sensazioni che ho provato quando ho compreso di essermi risvegliato in una nuova vita. Tutto era immobile, nessun rumore veniva a rompere il silenzio; l'oscurità mi aveva circondato. Mi sentivo immerso in una nebbia spessa, che lo sguardo non poteva penetrare. Subito dopo scorsi da lontano una debole luce che lentamente mi si avvicinava. Con mia grande sorpresa e gioia contemplai il viso di quella che era stata la mia stella e aveva guidato i primi passi della mia vita terrena".

Triste spettacolo per i veggenti è l'assistere alle torture inferte ai morenti dai loro cari a causa dell'ignoranza riguardo le cure appropriate alla circostanza. Esiste una scienza che indaga sui meccanismi della nascita e gli ostetrici studiano per anni tutto quanto riguarda la professione e acquisiscono una meravigliosa abilità nell'assistere il neonato al suo arrivo in questo mondo. La madre e il fanciullo sono seguiti da esperte infermiere, l'esperienza di spiriti eccellenti viene applicata per facilitare la maternità, e né fatiche, né denaro vengono risparmiati in questi sforzi per un essere che non abbiamo mai visto. Ma quando l'amico di tutta una vita, l'uomo che ha avuto cura della famiglia, che si è impegnato nella professione, nel servizio allo Stato o alla Chiesa, ci lascia, quando la donna che ha lavorato con altrettanto coraggio per allevare i bambini affinché fossero attivi nel mondo, deve lasciare il focolare della famiglia, quando colui o colei che abbiamo amato per tutta una vita è pronto a rivolgerci l'ultimo addio, siamo completamente impotenti e non sapendo come essere d'aiuto, agendo forse in modo disastroso, credendo di fare bene finiamo col commettere sciocchezze.

La sofferenza più comunemente inflitta ai moribondi consiste nel somministrare loro degli stimolanti; simili medicine fanno bruscamente rientrare lo spirito nel corpo e lo costringono a restarci per soffrire ancora per ore e ore. I chiaroveggenti sentono spesso veri e propri pianti di disperazione causati da simili comportamenti. Quando apprendiamo che la morte di una persona è inevitabile non dobbiamo permettere al nostro egoismo di prevalere e impedire allo spirito di andarsene serenamente, soltanto perché non siamo pronti per il distacco. La camera mortuaria deve essere tranquilla, un posto dove regnino la pace e la preghiera, poiché *nei tre giorni e mezzo successivi al decesso,* lo spirito attraversa un momento estremamente importante ed ha bisogno di tutta l'assistenza possibile. Come il valore della vita che si è conclusa è stata influenzata dalle condizioni del corpo, così la vita che sta per cominciare è collegata all'atteggiamento tenuto negli ultimi istanti prima della morte fisica. Quindi, se siamo stati vicini al nostro fratello quando era in vita tanto più dovremmo esserlo nel momento della morte.

Praticare un'autopsia, o l'imbalsamazione o la cremazione durante questo periodo non solo può turbare lo spirito da un punto di vista mentale, ma causare un vero e proprio dolore, perché esiste ancora un lieve legame con il corpo che è stato appena abbandonato. Se le leggi sanitarie prescrivono di evitare la decomposizione prima della cremazione, il corpo può essere posto in una camera frigorifera durante i tre giorni e mezzo. Dopo questo tempo lo spirito non soffre più per quello che può capitare al corpo.

IL PANORAMA DELLA VITA TRASCORSA

Impedire la partenza di uno spirito è inutile, viene infatti il momento in cui nessun stimolante può trattenerlo ed esala l'ultimo respiro. Allora la corda d'argento, indicata dalle Sacre Scritture, che tiene legati i veicoli inferiori e superiori, si spezza nel cuore e provoca l'arresto dell'organo. Questa rottura libera il Corpo Vitale, che insieme al Corpo del Desiderio e all'Intelletto fluttua al di sopra del corpo visibile per un periodo che va da uno a tre giorni e mezzo, mentre lo spirito rivede l'intera sua vita. È una parte estremamente importante della sua esperienza nel dopo vita; da questa retrospezione dipende tutta la sua esistenza dopo la morte fino alla successiva rinascita.

Lo studioso potrebbe porsi questa domanda: "Come possiamo ripercorrere la nostra vita dalla culla alla tomba se non siamo in grado di ricordare neppure i fatti più recenti? Considerando poi che per costituire una base solida per la nostra vita futura, tali ricordi dovrebbero essere precisi, mentre anche la memoria più sviluppata risulta imperfetta". Se riusciamo a capire la differenza esistente tra la memoria cosciente e quella subcosciente e il modo in cui quest'ultima agisce, il problema non si pone. L'esempio che segue farà meglio comprendere come la memoria subconscia registri con precisione il susseguirsi delle esperienze nel corso della nostra vita. Quando siamo in campagna guardiamo il paesaggio che ci circonda e le vibrazioni dell'etere ci trasmettono le immagini di tutto quello che rientra nel nostro campo visivo. E tuttavia abbiamo occhi e non vediamo, diceva il Signore. Queste vibrazioni si imprimono sulla retina nei minimi dettagli, ma non penetrano di solito la nostra coscienza e di conseguenza vengono dimenticate. Con l'andare del tempo anche le impressioni più rilevanti vengono dimenticate, cosicché non possiamo ricordare a nostro piacimento ciò che viene registrato nella nostra memoria cosciente.

Quando il fotografo va in campagna con la macchina fotografica, ottiene un risultato diverso. Le variazioni eteriche emanate da tutti gli oggetti sui quali è puntato l'apparecchio trasmettono al film un'immagine del paesaggio, esatta fin nei più piccoli dettagli, è da sottolineare che tale immagine non dipende dall'osservazione del fotografo. L'immagine resta impressa sulla pellicola e potrà essere riprodotta nelle condizioni richieste. Lo stesso accade nella memoria subconscia, prodotta automaticamente da ciascuno di noi in ogni istante, in modo indipendente dalla nostra volontà.

Dalla prima inspirazione al momento della nascita, fino all'ultimo respiro prima della morte, respiriamo l'aria carica delle immagini del nostro ambiente e lo stesso etere che trasporta queste immagini alla retina penetra nei polmoni e nel sangue per poi raggiungere il cuore. Nel ventricolo sinistro, vicino alla punta, si trova un piccolo atomo particolarmente sensibile che rimane nel cuore per tutta la vita. Differisce dagli altri atomi che vanno e vengono, perché appartiene a Dio e ad uno spirito in particolare. Tale atomo potrebbe essere definito *il Libro dell'Angelo di Giustizia,* visto che le immagini delle nostre azioni, buone o cattive, vi sono riprodotte nei minimi particolari, man mano che il sangue passa nel cuore, ciclo dopo ciclo. La memoria subcosciente è costituita da questa sorta di annali. Dopo la morte, quando queste immagini vengono riprodotte, formano la base della nostra vita futura. Mediante il ritiro dell'atomo-germe, che corrisponde alla pellicola dell'apparecchio fotografico, l'Etere Riflettore del Corpo Vitale funziona da matrice, e man mano che la vita scorre lentamente a ritroso dalla morte alla nascita, le immagini vengono impresse nel Corpo del Desiderio che costituirà il nostro veicolo nel Purgatorio e nel Primo Cielo, dove il male verrà cancellato e il bene assimilato. In una vita futura il male servirà da coscienza per impedire all'uomo di ripetere gli errori passati e il bene lo stimolerà a compiere azioni migliori.

Quando una persona annega ripercorre in modo analogo tutta la vita. Coloro che sono tornati in vita raccontano infatti di aver rivisto in un istante tutta la loro esistenza. Ciò è causato dall'uscita del Corpo Vitale. Naturalmente in questi casi la corda d'argento non si rompe, altrimenti la vita non potrebbe riprendere. Subito dopo l'immersione si verifica un periodo di incoscienza, mentre nella normale visione del dopo vita lo stato di coscienza continua fino al momento in cui il Corpo Vitale si affloscia, in modo simile al sopraggiungere del sonno. Solo allora la coscienza si attenua per un certo tempo e lo scorrere delle immagini della vita termina. Ne risulta che la durata della revisione varia secondo i casi se il Corpo Vitale è robusto o si è indebolito in seguito ad una malattia. Più l'ambiente è calmo e tranquillo, più a lungo la revisione della vita dura e più profondamente le immagini si incidono nel Corpo del Desiderio. Come abbiamo detto, le ripercussioni future di questa revisione sono importanti, perché le sofferenze che lo spirito subirà nel Purgatorio a causa delle sue cattive abitudini e delle sue malefatte, sono più intense se l'incisione è più profonda. In una esistenza futura, la voce sottile della coscienza si farà sentire più insistentemente contro quegli errori che hanno causato sofferenza in passato.

Se al momento della morte, lo spirito viene disturbato dalle condizioni esterne, come il frastuono assordante della guerra, il caos di un incidente, i lamenti dei parenti, ecc., l'incisione nel Corpo del Desiderio è ostacolata.

L'esistenza nell'aldilà risulta allora vaga e di scarsa utilità ai fini della redenzione in Purgatorio e lo spirito non può raccogliere i frutti dell'esperienza come sarebbe stato possibile se fosse uscito dal corpo in pace e in condizioni normali. Viene a mancare lo stimolo per ricercare il bene nella vita futura e il monito per evitare il male che una profonda incisione gli avrebbe lasciato. In questo modo il progresso dello spirito potrebbe essere ritardato, ma le Forze benefiche preposte all'evoluzione umana, prendono dei provvedimenti per compensare i danni causati dalla nostra ignoranza o da circostanze drammatiche. Studieremo le misure adottate, quando prenderemo in esame la vita dei bambini in cielo, per il momento basti dire che nel Regno di Dio il male è sempre tramutato in un bene ancora più grande, sebbene questa trasformazione non sia sempre immediatamente percettibile.

IL PURGATORIO

Durante la vita il rilassamento del Corpo Vitale interrompe al termine della giornata la visione del mondo che ci circonda, causando uno stato di incoscienza che chiamiamo sonno. Allo stesso modo, dopo la morte, la visione panoramica della vita ha termine, il Corpo Vitale cede e perdiamo coscienza per un periodo che varia secondo l'individuo. Sullo spirito sembrano calare le tenebre. Dopo un po' di tempo tuttavia, esso si risveglia e comincia a vedere la luce dell'altro mondo, adattandosi però gradualmente a questo cambiamento di condizione. È un'esperienza analoga a quella che si fa nell'uscire da una stanza buia per andare in pieno sole: la luce intensa ci accieca fino a quando le pupille si sono contratte in modo da sopportare la maggiore quantità di luce.

Se a questo punto ci appartiamo di nuovo per un momento dalla luce del sole ed entriamo in una stanza buia, gli oggetti che si trovano all'interno risulteranno più nettamente visibili di quelli che all'esterno sono rischiarati dai potenti raggi solari. Lo stesso accade allo spirito liberato dal corpo: esso percepisce le visioni, le scene e i suoni del mondo materiale che ha abbandonato meglio di quelli del mondo nel quale sta entrando. Wordsworth nell'*"Ode all'Immortalità"* indica un'analoga condizione nei neonati, i quali sono tutti indistintamente chiaroveggenti e risultano molto più svegli nel mondo spirituale che non in questo piano di esistenza. Alcuni perdono la chiaroveggenza molto presto, altri la conservano più a lungo per alcuni anni, altri ancora per tutta la vita. Come la nascita di un bambino rappresenta per lui la morte nel mondo spirituale, pur conservando per un certo tempo la vista spirituale, così la morte rappresenta la nascita nel mondo spirituale e il nuovo arrivato conserva la coscienza del mondo fisico per un certo tempo dopo la morte.

Quando lo spirito si sveglia nel Mondo del Desiderio, dopo aver sperimentato tutte le esperienze descritte, ha la sensazione di essersi sbarazzato di un pesante fardello. È una sensazione che si può paragonare a quella di un palombaro entro lo scafandro, con un casco pesante in testa, con delle suole di piombo ai piedi, limitato nelle operazioni subacquee da un tubo che gli fornisce l'aria e che gli permette di muoversi con difficoltà. Quando, dopo il lavoro, viene riportato alla superficie e si libera del pesante fardello riprendendo a muoversi liberamente, deve certamente provare un grande sollievo. Lo spirito prova una sensazione simile quando è liberato dall'involucro mortale e può errare alla ventura per tutto il globo, invece di restare confinato nello stretto ambiente che lo tiene legato alla terra.

Anche gli ammalati provano un grande sollievo: la malattia, come noi la conosciamo quaggiù, non esiste. Non è necessario alimentarsi né proteggersi, in quanto in tali regioni il caldo e il freddo non hanno alcun significato. Tuttavia molte persone in Purgatorio continuano a preoccuparsi dei lavori di casa e di operazioni come il mangiare e il bere. Nel suo libro *"Peter Ibbettson"* George du Maurier descrive mirabilmente questa condizione nella vita dell'eroe e della contessa di Towers. Questa storia illustra in modo affascinante quello che è stato detto circa la memoria subconscia, dato che l'autore ha scoperto un modo facile, che ciascuno può cercare sperimentare, di "sognare il vero". Mettendosi in una certa posizione per dormire, è possibile, con un po' di esperienza, fare riapparire in sogno una scena qualsiasi della vita passata che desideriamo di nuovo far rivivere. Per questa ragione vale la pena di leggere il libro (1).

Quando una nebulosa ardente si forma in cielo e comincia la sua rivoluzione, una certa quantità di sostanza che si trova al centro, dove il movimento è più lento, comincia a cristallizzarsi. Raggiunta una certa densità, viene trascinata dal vortice e si avvicina sempre più andando verso il bordo esterno di ciò che in quel movimento è diventato l'equatore del globo in rivoluzione. Allora viene lanciata nello spazio e staccata dal sole in rivoluzione.

Tale processo non avviene automaticamente come gli scienziati vorrebbero farci credere. Troviamo questa affermazione nella *"Cosmogonia dei Rosacroce"* e in diverse altre opere. Herbert Spencer ha scartato la teoria della nebulosa perché richiedeva una causa primaria ch'egli non ammetteva, sebbene fosse incapace di formulare una nuova ipotesi. La formazione del sistema solare è avvenuta grazie all'attività di un grande Spirito che possiamo chiamare Dio o con un altro nome a nostra scelta. *"Quello che è in basso è come quello che è in alto e quello che è in alto è come quello che è in basso",* dice l'assioma di Ermete. L'uomo, che è uno spirito di minore importanza, attira anch'egli presso di sé la sostanza spirituale che si cristallizza e diventa materia che forma il corpo visibile, percepito dal chiaroveggente entro un'aura di veicoli più sottili, in costante movimento. Quando il corpo denso di un bambino nasce, è estremamente molle e flessibile; l'infanzia, la giovinezza, la maturità, l'età avanzata, sono fasi successive di una cristallizzazione che continua fino a raggiungere il punto in cui lo spirito non riesce più a muovere il corpo indurito e lo rifiuta respingendolo, proprio come il pianeta che si stacca dal sole. La morte segna allora l'inizio di un processo di disintegrazione che continua nel Purgatorio. Le cattive passioni e i desideri bassi che abbiamo coltivato nel corso della vita, hanno cristallizzato la sostanza-desiderio a un punto tale che deve essere espulsa, così lo spirito si purifica dal male seguendo la stessa legge che regola l'espulsione dal sole della materia destinata a formare più tardi un pianeta. Se la vita è trascorsa relativamente in modo onesto, il processo di espiazione non sarà troppo penoso e i cattivi desideri che sono stati purificati non dureranno a lungo dopo la loro espulsione, disintegrandosi rapidamente. Se, d'altra parte, il soggetto ha vissuto una vita troppo malvagia, la parte di natura-desiderio espurgata può durare fino al momento in cui lo spirito torna sulla terra per fare nuove esperienze, ossessionandolo come un demonio e incitandolo a commettere cattive azioni che lui stesso disapprova. La storia del dottor Jekyll e di Mister Hyde non è un'idea fantastica di Robert Louis Stevenson, ma si fonda su fatti conosciuti dai chiaroveggenti. Questi casi sono comunque molto rari e tuttavia possibili, nei casi di criminali pericolosi provvedimenti come la pena di morte trasformano semplici e remote possibilità, in concrete probabilità.

Quando un uomo è pericoloso deve essere naturalmente posto nella impossibilità di nuocere, ma senza arrivare a toccare il diritto morale della comunità di togliere la vita a qualcuno, diritto che noi contestiamo. La società, per rappresaglia contro il criminale, ottiene il contrario dello scopo che si prefigge, perché se l'assassino viene sottoposto ad un regime di dura disciplina in una prigione per un certo numero di anni, fino al momento della morte, dimenticherà il suo odio verso la vittima e la società. Sarà uno spirito libero nel Mondo del Desiderio e potrà anche, con la preghiera, ottenere perdono e diventare un vero cristiano, potrà continuare il cammino nella gioia e in una vita futura aiuterà quelli a cui ha recato offesa. Ma se la società si vendica e lo condanna a una morte violenta subito dopo il crimine, egli ne sarà indubbiamente offeso e non senza ragione. Allora, nell'al di là cercherà a lungo di vendicarsi e inciterà altri a commettere dei crimini. È uno dei motivi per cui in una società simile avvengono spesso dei delitti a catena.

Il regicidio in Serbia ha scosso il mondo occidentale, facendo scomparire nel sangue l'intera famiglia reale. Il ministro degli interni, che era allora uno dei principali cospiratori, ha scritto nelle sue memorie che riuscivano a trovare uomini da reclutare bruciando dell'incenso. Non ne comprendeva la ragione, ma ricordava il fatto come una curiosa coincidenza. Per chi ha sviluppato la vista spirituale il fatto è chiaro. Abbiamo constatato la necessità di avere un veicolo formato dalla materia di ogni mondo nel quale desideriamo agire, abitualmente otteniamo un veicolo fisico passando dal seno materno o, in casi eccezionali attraverso un buon medium di materializzazione, ma quando si deve impressionare soltanto il cervello e indurre qualcuno all'azione, basta un veicolo composto d'etere, che si ottiene con il fumo di diverse sostanze. Ciascun tipo attira diverse classi di spiriti, e senza dubbio l'incenso bruciato durante le riunioni dei cospiratori era del tipo "più basso" e attirava spiriti che nutrivano rancore contro l'umanità in generale e contro il re di Serbia in particolare. Questi soggetti scontenti erano tutti incapaci di fare del male al re, ma utilizzarono un'influenza sottile che aiutò i cospiratori. Nell'aldilà il criminale, che è causa dei propri mali e della propria fine conserva rancore verso la società, può entrare nelle sale da gioco più infime dove l'odore dei liquori e il fumo del tabacco forniscono molteplici occasioni per influenzare i partecipanti, tanto che i chiaroveggenti sono spesso impressionati alla vista delle sottili influenze a cui sono esposti coloro che frequentano questi luoghi. È vero che un uomo deve essere di grado inferiore per subire l'influenza dei bassi pensieri e che è impossibile incitare una persona ben pensante a commettere un delitto, a meno di ipnotizzarlo, è come tentare di far vibrare un diapason alla nota "Do" battendone un altro accordato alla nota "Sol", ma i pensieri dei viventi e dei morti ci circondano costantemente e nessun ideale spirituale può germogliare nel cervello di un essere umano sotto l'influenza del tabacco e delle bevande alcoliche. Se la pena di morte, la pubblicità accordata ai criminali sui giornali, la fabbricazione di liquori e di tabacco fossero eliminate, i fabbricanti d'armi cesserebbero ben presto la loro attività. Le forze di polizia rivestirebbero un ruolo meno importante, le prigioni chiuderebbero i battenti e le tasse diminuirebbero di conseguenza.

Quando uno spirito entra in Purgatorio, è esattamente la stessa persona che era prima di morire, ha gli stessi gusti, gli stessi desideri, le stesse avversioni, le stesse simpatie e antipatie di prima. Soltanto *non ha più il corpo denso per soddisfare i suoi desideri.* Il bevitore desidera ardentemente bere, molto più che durante la sua vita passata, ma non ha lo stomaco per contenere l'alcool e arrivare all'ebbrezza ricercata. Può entrare in un bar e penetrare nel corpo fisico di un altro bevitore per soddisfare i propri desideri, incitando la vittima a bere ancora di più, ma non raggiungerà una completa soddisfazione. Vede il bicchiere pieno sul banco, ma la sua mano immateriale non può sollevarlo. Continuerà a soffrire il supplizio di Tantalo fino a quando non avrà compreso l'impossibilità di soddisfare i suoi bassi desideri, allora sarà libero di avanzare nella misura in cui avrà superato il vizio. La purificazione non avviene mediante l'intervento di un dio vendicatore o di un demone avvolto di fiamme dell'inferno e munito di forca, ma secondo la legge immutabile per cui si raccoglie ciò che si è seminato. Ognuno soffre in base al male compiuto. Se il desiderio per il bere fosse stato meno violento, il privarsene sarebbe stato più lieve. Se i desideri fossero stati insaziabili, al punto di non poter resistere senza bere, il soggetto avrebbe sofferto un supplizio infernale, senza necessità delle fiamme. La sofferenza necessaria per l'espiazione del vizio è esattamente proporzionata all'energia impiegata per contrarre questa abitudine, così come la forza con cui una pietra cade a terra è proporzionale all'energia impiegata per lanciarla in aria.

Lo scopo di Dio non è la vendetta: *l'amore* è al di sopra della *legge* e, nella Sua meravigliosa misericordia e sollecitudine per il nostro bene, Egli ci ha aperto la via del pentimento e della redenzione per ottenere il perdono dei peccati. Come insegna il Cristo, Signore dell'Amore, non contro la legge, perché è immutabile, ma in applicazione di una legge più elevata, secondo cui compiamo quaggiù ciò che dovremo comunque incontrare dopo la morte.

Nell'esposizione sulla memoria subcosciente abbiamo constatato che il ricordo di tutte le nostre azioni, pensieri e parole si trasmette per mezzo dell'aria e dell'etere nei polmoni, poi nel sangue per essere alla fine registrata sul "film" del cuore, su un certo atomo-seme che rappresenta *il libro degli Angeli di Giustizia.* Abbiamo spiegato anche come la visione della vita venga incisa sul Corpo del Desiderio e formi la base delle raccolte dopo la morte. Se dopo aver compiuto il male la nostra coscienza ci accusa, e se questa accusa è seguita da un pentimento sincero *accompagnato da un cambiamento,* l'immagine di questa cattiva azione si cancellerà gradualmente dagli "annali" della nostra vita, cosicché, quando avremo abbandonato il mondo, al momento della morte, non sarà più lì ad accusarci. Abbiamo visto che la visione della vita si svolge in senso inverso dopo la morte, più tardi, nel Purgatorio, essa viene ripetuta, in questo modo l'essere umano può sperimentare esattamente le stesse sensazioni provate da coloro ai quali ha nociuto. Sembra che lo spirito perda in quel momento la propria identità e, immedesimandosi nella condizione della sua vittima, subisca a sua volta tutte le sofferenze mentali e fisiche che ha inflitto agli altri. In tal modo impara ad essere buono invece che crudele e a fare il bene invece del male in una vita futura. Ma se, durante la vita terrestre, sente risvegliarsi un profondo dispiacere per la sua colpa, il sentimento di dolore per la vittima, o la riparazione dei torti tramite un atto volontario, renderanno la sofferenza inutile dopo la morte. In questo modo "il peccato è perdonato".

L'insegnamento dei Misteri della Rosa-Croce fornisce agli aspiranti alla vita superiore un metodo scientifico per cancellare le colpe in modo continuo, evitando così di sperimentare il Purgatorio. Ogni sera, prima di addormentarsi, lo studente ripercorre i fatti della giornata *in senso inverso,* comincia così a rivivere più nitidamente possibile le scene accadute prima di addormentarsi. Cerca allora di analizzare in modo imparziale gli atti e le scene per rendersi conto se ha agito bene o male; in questo secondo caso deve sforzarsi di *sentire o provare il male commesso con la maggiore intensità possibile.* Per esempio, se ha parlato duramente a qualcuno e la riflessione successiva gli dimostra che ha agito in modo ingiustificato, deve sforzarsi di sentire quello che la persona ha provato in quel momento e scusarsi alla prima occasione. Dopo, rievocherà la scena successiva, sempre in senso inverso, e può darsi giunga ad analizzare l'ora del pranzo: osserverà allora attentamente quello che ha mangiato chiedendosi se si è nutrito semplicemente per vivere, in modo frugale, evitando quegli alimenti, come la carne, che non si possono ottenere senza far soffrire le creature di Dio e senza uccidere. Se vede che il suo appetito lo ha indotto a mangiare con ingordigia, proverà a vincere questa abitudine perché per vivere una vita pura si deve possedere un corpo puro e non si può vivere secondo un nobile ideale se lo stomaco serve da cimitero ai cadaveri di animali uccisi. Citiamo a riguardo dei versi di Ella Wheeler Wilcox.

"Io sono la voce di coloro che non possono parlare;
Attraverso me i muti parleranno
Finché gli orecchi di un mondo
Oggi sordo, siano costretti ad ascoltare
Il pianto del debole che non ha voce.

La stessa forza ha modellato l'uomo-re
Ha plasmato il piccolo passero
Il Dio del grande tutto
Ha dato una scintilla d'anima
A tutto ciò che porta pelo o piuma.

E io sono il custode di mio fratello
Voglio lottare per la sua difesa
E alzare in alto la mia voce
Fino a quando il mondo comprenderà
E le bestie saranno risparmiate".

Così lo studente continuerà a rivedere ogni scena *in ordine inverso* dalla sera al mattino *sentendosi realmente afflitto* per gli errori che ha commesso. Non mancherà di *sentirsi felice* quando si accorgerà di aver agito bene, e *più i suoi ricordi saranno sentiti in modo intenso più completa risulterà la cancellazione dagli "annali" del cuore e più vigile sarà la sua coscienza.* In questo modo col tempo, avrà sempre meno motivi di biasimarsi ed aumenterà enormemente i poteri dell'anima. Farà progressi che nessun altro metodo potrebbe fargli realizzare, inoltre non soggiornerà in Purgatorio dopo la morte.

Se questo esercizio serale e la concentrazione del mattino vengono compiuti di giorno in giorno, risveglieranno la vista spirituale e renderanno migliore la vita. Questo soggetto è stato sviluppato nella conferenza n. 11 del libro "Cristianesimo dei Rosacroce" intitolata: *Vista e penetrazione spirituale.*

IL PRIMO CIELO

Nel Primo Cielo, situato nella regione più elevata del Mondo del Desiderio, la visione della vita passata si svolge di nuovo e fa rivivere i momenti in cui abbiamo cercato di aiutare e di servire gli altri. Essi non si erano manifestati prima, quando lo spirito si trovava ancora nelle regioni inferiori, perché i desideri superiori non possono esprimersi nella sostanza grossolana che compone la regione inferiore del Mondo del Desiderio; ma quando lo spirito sale al Primo Cielo, rivive in ogni scena tutto il bene che ha compiuto nella vita. Sentirà nuovamente la gratitudine di coloro che ha assistito, e se gli si presenterà una scena in cui ha ricevuto aiuto dagli altri e ne è stato riconoscente, proverà di nuovo la gratitudine. La somma di tutti questi sentimenti viene allora assimilata dallo spirito per servire di stimolo al bene in una vita futura.

Così l'anima si purifica dal male nel Purgatorio e si fortifica nel bene nel Primo Cielo. Nella prima regione l'estratto della sofferenza si trasforma in *coscienza* che impedisce di compiere il male, nell'altra la quintessenza del bene si tramuta in *benevolenza* ed *altruismo,* basi del vero progresso. Il Purgatorio non è un luogo di punizione, anzi può essere la regione più benefica esistente in natura, perché per mezzo del Purgatorio possiamo nascere innocenti vita dopo vita. La tendenza a commettere gli errori per i quali abbiamo sofferto rimane in noi, e le tentazioni di cadere nelle vecchie abitudini si ripresenteranno sul cammino, fino a quando avremo vinto coscientemente il male. La tentazione tuttavia non è un peccato, ma lo è cedere.

Fra gli abitanti del mondo invisibile alcuni vivono una vita particolarmente triste, spesso per un gran numero di anni: sono i suicidi che hanno voluto sottrarsi all'insegnamento della vita. Tuttavia non è un Dio vendicativo né un demone malefico a punirli, ma una legge immutabile, che proporziona la sofferenza ad ogni suicidio.

Abbiamo imparato che ogni forma quaggiù possiede un archetipo nel Mondo del Pensiero - una forma vuota, vibrante, che emette un suono armonioso - suono, che attira e modella la materia fisica e gli dà le forme che vediamo intorno a noi, proprio come accadrebbe se mettessimo della polvere fine su una lastra di vetro e si facessero vibrare i bordi con un archetto, trasformando la polvere in svariate figure geometriche che cambiano quando si modifica il suono.

Il piccolo atomo del cuore è il modello e il centro attorno al quale si raggruppano gli atomi del corpo. Quando, alla morte del suicida, quest'atomo abbandona il corpo, il centro cessa di esistere, e benché l'archetipo continui a vibrare fino al momento stabilito della morte, nessuna materia può entrare nella forma vuota dell'archetipo. Il suicida soffre terribilmente di questo male che lo rode come se lo svuotasse, è una sensazione che può essere paragonata agli spasmi della fame. In questo caso il dolore intenso continuerà per il numero di anni che avrebbe dovuto vivere nel corpo. Al momento prestabilito, l'archetipo si accascia, come avviene durante la morte naturale, e allora la sofferenza termina e comincia il periodo di Purgatorio, come per coloro che muoiono naturalmente. Ma la memoria dei tormenti sopportati a causa del suo atto perdurerà nella vita futura del suicida e gli impedirà di compiere lo stesso errore.

Nel Primo Cielo incontriamo un gruppo di persone che non ha subito l'esperienza purgatoriale e conduce una vita particolarmente felice, si tratta dei bambini.

Quando un piccolo fiore cade e sparisce con i raggi di sole che aveva portato, una tristezza indicibile si abbatte sul focolare. Ma se potessimo vedere la bella esistenza che conducono questi piccoli esseri e se potessimo comprendere il grande vantaggio che ottiene un fanciullo dal breve soggiorno in questo luogo, la nostra pena diminuirebbe enormemente e la ferita del cuore guarirebbe più in fretta. Poiché niente accade senza uno scopo, esiste anche una ragione profonda che giustifica la mortalità infantile, di cui purtroppo non sempre sappiamo renderci conto. Prendendo coscienza di ciò, potremo in avvenire mitigare la tristezza che proviamo per la perdita dei nostri piccoli.

Per comprenderlo bene, dobbiamo tornare all'esperienza dello spirito al momento della morte, ricordandoci che la visione della vita trascorsa si incide sul Corpo del Desiderio per un periodo che va da qualche ora a tre giorni e mezzo dopo il decesso. La nitidezza dell'immagine dipende dall'intensità dell'impressione, e più il panorama della vita sarà nettamente definito, più intense saranno le sofferenze nel Purgatorio e più vive saranno le gioie celesti, più forte sarà la coscienza della vita seguente.

Abbiamo spiegato come gli orrori della morte sul campo di battaglia, in un incidente, o in altre circostanze tragiche, impediscano allo spirito di rivolgere tutta l'attenzione alla visione della vita e come di ciò non resti che una leggera incisione nel Corpo del Desiderio, seguita da un'esperienza vuota nel Purgatorio e nel Primo Cielo; abbiamo anche precisato che i lamenti nella camera mortuaria producono lo stesso effetto.

Uno spirito che sfugge alle sofferenze proporzionate ai suoi errori e che non prova la gioia meritata per il bene compiuto, non avrà nella vita futura una coscienza sviluppata e non sarà così benevolo come dovrebbe essere. Di conseguenza, la vita che termina in condizioni sulle quali lo spirito non ha alcun potere, sarà parzialmente compromessa. Le grandi Guide della umanità prendono allora i provvedimenti necessari per impedire questo disastro e rettificare in qualche modo l'ingiustizia subita. Lo spirito rinasce, muore nell'infanzia per ritornare nel Mondo del Desiderio dove, nel Primo Cielo, può ricevere quegli insegnamenti di cui era stato privato in precedenza.

Siccome il Primo Cielo è situato nel Mondo del Desiderio - regione della luce e del colore - in cui la materia si trasforma rapidamente con il pensiero, i bambini ricevono dei giocattoli meravigliosi che qui sarebbe impossibile costruire. Si insegna loro *a giocare con dei colori che agiscono sul carattere*, secondo i bisogni di ciascun fanciullo. Chi è sensitivo è influenzato dal colore degli abiti e di tutto ciò che lo circonda. Nel nostro mondo alcuni colori sono deprimenti, mentre altri stimolano, calmano o confortano. Nel Mondo del Desiderio l'effetto dei colori è ancora più intenso, là infatti costituiscono fattori molto più potenti nel bene o nel male di quanto lo possano essere quaggiù. In questi giochi di colori il bambino si impregna inconsciamente delle qualità che non ha potuto ricevere per effetto dell'incidente o dei lamenti dei parenti. Il destino obbliga questi genitori a prendersi cura di qualche bambino quando saranno nel mondo invisibile, o farlo nascere per poi vederlo morire, ricevendo in questo modo la giusta ricompensa per il male che hanno fatto loro. Quando le guerre termineranno e l'uomo imparerà ad essere più rispettoso della vita, a prendersi cura dei morti, la mortalità infantile, attualmente così forte, diminuirà.

IL SECONDO CIELO

Quando il bene e il male di una vita sono stati estratti, lo spirito abbandona il Corpo del Desiderio e sale al Secondo Cielo. Il Corpo del Desiderio comincia allora a disintegrarsi, come hanno fatto precedentemente il Corpo Fisico e il Corpo Vitale. Ma la materia-desiderio presenta una pericolosa caratteristica, essa può continuare a sopravvivere anche dopo che lo spirito l'ha abbandonata. Il Corpo del Desiderio infatti formato ed animato dalla vita può sopravvivere a lungo dopo l'abbandono dello spirito in uno stato di semi-coscienza. Talvolta è attirato magneticamente verso i parenti dello spirito al quale apparteneva e nelle sedute spiritiche questi *"gusci"* si presentano come spiriti reali, inducendo i familiari in errore. Essendo il panorama della vita inciso su questi gusci, essi conservano memoria degli avvenimenti che si riferiscono ai parenti, cosa che favorisce l'inganno, ma siccome l'intelligenza li ha abbandonati, sono in genere incapaci di dare un vero consiglio: ecco come si spiegano le sciocchezze che talvolta dicono.

Passando dal Primo al Secondo Cielo, lo spirito passa nel "Grande Silenzio", dove si trova completamente solo, cosciente soltanto della sua divinità. Quando questo silenzio termina, lo spirito è inondato di armonia celestiale che proviene dal *mondo dei suoni* dove è situato il Secondo Cielo. È come tuffarsi in un oceano di suoni e sperimentare una felicità indescrivibile, mentre si avvicina al "focolare" celeste, dato che il Secondo Cielo è la prima regione spirituale da cui lo spirito è stato esiliato durante la sua vita terrena e la sua esistenza dopo la morte. Nel Mondo del Desiderio il suo compito era *correttivo*, ma nel Mondo del Pensiero lo Spirito Umano si unisce alle forze della natura e comincia la sua attività *creatrice*.

Secondo la legge di causa ed effetto, raccogliamo esattamente ciò che abbiamo seminato, sarebbe quindi ingiusto collocare uno spirito in un luogo dove mancano gli elementi necessari alla vita, dove un sole ardente brucia i raccolti e porta la fame e la morte, dove i flutti tumultuosi trascinano abitazioni primitive inadatte a sopportare tale violenza, e far nascere un altro spirito in un paese in cui regna l'abbondanza, con terreni fertili che danno molto frutto con la minima fatica e dove la terra è ricca di minerali. Essere così divisi senza poter esprimere un consenso da parte nostra non sarebbe giusto se non ci venisse offerto un modo per partecipare a questa scelta. Come la nostra esistenza dopo la morte, nel Purgatorio e nel Primo Cielo, si basa sulla nostra attitudine morale in questa vita, così le nostre attività nel Secondo Cielo sono determinate dalle nostre aspirazioni mentali, e producono il nostro futuro ambiente fisico. Nel Secondo Cielo lo spirito infatti si unisce alle forze della natura che operano sulla terra trasformando il clima, la flora e la fauna. Uno spirito indolente, che *quaggiù* si abbandona a speculazioni metafisiche, non cambia atteggiamento mentale e disposizioni morali neppure dopo la morte. Nel cielo trascorrerà il tempo a sognare godendo delle visioni e dell'armonia che lo circonda, trascurerà così di operare un cambiamento per migliorare il suo futuro paese e ritornerà su di un suolo arido e sterile. D'altra parte gli spiriti che, per le loro aspirazioni materiali avevano cercato il benessere e il conforto nella loro casa e si erano dati da fare per costruire grandi attività industriali, coloro che si interessano di scambi commerciali, in cielo costruiranno un paese che soddisferà i loro desideri, fertile, ricco, con fiumi navigabili e porti notevoli. Ritorneranno sulla terra per godere a tempo pieno il frutto del loro lavoro nel Secondo Cielo, come hanno ricevuto beneficio della loro vita sulla terra nel Primo Cielo.

IL TERZO CIELO

Nel Terzo Cielo sono pochi gli spiriti coscienti, per le ragioni già esposte nel capitolo sulla Regione del Pensiero Astratto, sede del Terzo Cielo. In verità, si tratta piuttosto di un luogo di riposo, dove lo spirito dimora dopo aver compiuto il lavoro nel Secondo Cielo, attendendo il momento in cui sentirà il desiderio di rinascere. Da queste regioni gli inventori ci portano le loro idee originali, il filantropo vede chiaramente dove dovrà realizzare i suoi sogni utopistici e le aspirazioni spirituali dei mistici trovano un nuovo slancio.

A tempo debito il bisogno di nuove esperienze spinge lo spirito a rinascere e i Grandi Esseri Celesti, chiamati nella religione cristiana Angeli di Giustizia, lo aiutano a rinascere nel luogo adatto, dove potrà fare le esperienze necessarie per sviluppare i suoi poteri e le sue possibilità.

Noi abbiamo tutti vissuto in terra parecchie volte e in famiglie diverse, abbiamo avuto relazioni di ogni tipo con molti esseri umani e generalmente possiamo scegliere, fra diverse famiglie, quella in cui incarnarci per compiere il nostro destino e raccogliere quello che abbiamo seminato nelle vite precedenti. Se nessuna ragione speciale ci obbliga a rinascere presso certi amici o nemici, allo spirito è concessa la possibilità di scegliere la nuova casa. Per la maggior parte ci troviamo, quindi nella condizione scelta nella vita precedente.

Per aiutarci a fare le nostre scelte, gli Angeli di Giustizia evocano, davanti allo spirito, la visione sintetica del panorama di ciascuna delle vite proposte. Questo panorama mostra la parte degli antichi debiti che dobbiamo pagare e i frutti che possiamo sperare di raccogliere nella vita futura.

Lo spirito è libero di scegliere fra le varie esperienze presentate ma, una volta effettuata la scelta, non è possibile tirarsi indietro durante la vita. Possiamo esercitare il libero arbitrio per quanto riguarda il nostro avvenire, ma non possiamo sfuggire al nostro *destino maturo*, come dimostra il fatto riportato nella *"Cosmogonia dei Rosacroce"*. L'autore aveva preannunziato a un conferenziere molto noto di Los Angeles che, se avesse lasciato la casa un certo giorno, sarebbe stato ferito alla testa, al collo, al petto e alle spalle da un mezzo di trasporto. Questo signore credette all'avvertimento e promise di stare attento. Nondimeno, il giorno fatale andò alla Sierra Madre per tenere una conferenza e fu ferito, come gli era stato predetto, a seguito di uno scontro con un treno. Raccontò, più tardi: "Avevo preso il giorno 28 per il 29".

Quando la scelta è stata fatta, lo spirito scende al Secondo Cielo dove gli Angeli e gli Arcangeli gli insegnano a costruire l'archetipo del corpo che abiterà più tardi sulla terra. Qui opera ancora la grande legge di giustizia che impone di raccogliere ciò che abbiamo seminato. Se i nostri gusti sono volgari e sensuali, costruiremo un archetipo che esprimerà queste tendenze; se i nostri gusti sono raffinati ed estetici, costruiremo l'archetipo corrispondente alle nostre esigenze, ma nessuno potrà ottenere un corpo più perfetto di quello che è in grado di costruire. Come un architetto resterà deluso se costruirà per uso personale una casa che non ha una giusta aerazione, così lo spirito subirà la malattia in un corpo costruito male e, come l'architetto in una successiva costruzione eviterà gli errori commessi nella prima, così lo spirito che soffre delle imperfezioni del corpo, imparerà col tempo a costruire veicoli sempre più perfetti.

Nella Regione del Pensiero Concreto, lo spirito attira la

sostanza necessaria per formare la nuova Mente, come la calamita attira il ferro e non altri tipi di materia, così lo spirito attira la specie di sostanza mentale che impiegava nella vita precedente e quella che ha imparato a impiegare dopo la morte. Poi scende nel Mondo del Desiderio in cui mette insieme i materiali per costruire un nuovo Corpo del Desiderio esprimendone le caratteristiche morali. Più tardi attirerà una certa quantità di etere che prenda forma nel modello dell'archetipo costruito nel Secondo Cielo e serva da legame per riunire le materie solide, liquide e gassose dei genitori che formeranno il Corpo Fisico del bambino che, al momento propizio, verrà al mondo.

LA NASCITA E L'INFANZIA

Non bisogna tuttavia credere che quando il corpo di un bambino viene alla luce, il processo della nascita abbia fine. Il Corpo Fisico ha avuto un'evoluzione più lunga, che consente allo spirito una maggiore abilità e velocità nel costruire il proprio corpo. Come un operaio specializzato è più abile di un apprendista così lo spirito che ha già costruito molti corpi fisici è in grado di operare rapidamente. Diverso il caso del Corpo Vitale di recente acquisizione per gli esseri umani, che infatti risultano meno abili nella sua costruzione. È inoltre necessario molto tempo per portarlo a compimento con i materiali non utilizzati all'atto di formazione dell'archetipo. Un Corpo Vitale infatti non si forma prima del settimo anno, quando inizia un periodo di rapida crescita.

Il Corpo del Desiderio è un'acquisizione ancora più recente e non si forma prima del quattordicesimo anno di età, quando la natura-desiderio inizia a manifestarsi con forza durante giovinezza. A concludere lo sviluppo, nel ventunesimo anno di età si forma la Mente, che trasforma l'essere umano in un uomo, capace di prendere decisioni importanti. La legge sancisce in qualche modo questa trasformazione concedendo all'individuo il diritto di voto (2).

Queste conoscenze sono di grandissima importanza per i genitori, perché un'esatta comprensione dello sviluppo che avviene in ogni ciclo di sette anni, permette all'educatore di lavorare con maggiore consapevolezza ed assolvere meglio il ruolo di padre o di madre rispetto a coloro che ignorano gli insegnamenti Rosacrociani. Dedichiamo le ultime pagine proprio a questo argomento e all'utilità della conoscenza astrologica per i genitori.

IL MISTERO DELLA LUCE, DEL COLORE E DELLA COSCIENZA

"Dio è Luce" dice la Bibbia. Certo è impossibile concepire un paragone più grandioso della sua onnipresenza e del suo modo di manifestarsi. I telescopi più potenti non sono in grado di giungere ai limiti della luce, benché ci rivelino le stelle distanti dalla terra milioni di anni-luce, e come il Salmista possiamo dire:

"Dove potrei andare lontano dal tuo spirito,
E dove potrei fuggire lontano dalla tua presenza?
Se salgo i cieli tu ci sei
Se mi corico nella tomba, eccoti là
Se prendo le ali dell'aurora
E vado ad abitare all'estremità del mare,
Pure là la tua mano mi condurrà
E la tua destra mi afferrerà".
(Salmo 139)

Quando all'aurora dell'esistenza *Dio Padre* pronunciò il verbo, mentre lo *Spirito Santo* si muoveva sull'oceano omogeneo della *materia vergine*, l'*oscurità* primitiva fu trasformata in luce. Questa fu la prima manifestazione della divinità e lo studio dei principi della luce rivelerà all'intuizione mistica una fonte meravigliosa d'ispirazione spirituale. Non approfondiremo ora questo tema perché correremmo il rischio di perderci, ma spieghiamo soltanto come la Vita divina conferisca energia alla forma umana e la stimoli all'azione.

In verità Dio è UNO e indivisibile, rinchiude nel suo essere tutto ciò che è, come la luce bianca contiene tutti i colori. Ma appare triplice nella Sua manifestazione come la luce bianca si rifrange in tre colori fondamentali: azzurro, giallo e rosso, che sono l'emblema del Padre, del Figlio e dello Spirito Santo. Questi tre raggi primari della Vita divina sono diffusi e irradiati dal sole e producono *vita, coscienza* e *forma* su ciascuno dei sette portatori di luce chiamati "i sette Spiriti davanti al Trono". I loro nomi sono: Mercurio, Venere, Terra, Marte, Giove, Saturno e Urano. La legge di Bode prova che Nettuno non appartiene al nostro sistema solare, e il lettore è pregato di consultare la nostra *"Astrologia Scientifica Semplificata" (3)* per la dimostrazione matematica di questa affermazione.

Ciascuno di questi sette pianeti riceve luce dal sole in misura diversa, secondo la sua vicinanza all'astro centrale e la costituzione della sua atmosfera; gli esseri che vi abitano presentano affinità diverse con i raggi solari, secondo il loro stadio di sviluppo. Essi assorbono il colore o i colori che sono loro utili e riflettono i restanti sugli altri pianeti. Questi raggi riflessi trasmettono un impulso della natura degli esseri con i quali sono stati in contatto.

In questo la Luce e la Vita divina arrivano su ogni pianeta provenendo direttamente dal sole, oppure riflessi dagli altri sei pianeti fratelli; come la brezza estiva, passando dai campi fioriti porta sulle ali invisibili il profumo misto di una moltitudine di fiori, così le influenze sottili del giardino di Dio ci inviano le influenze miste di tutti gli spiriti ed è in questa luce multicolore che abbiamo *"vita, movimento ed essere"* (Atti 17,28).

I raggi provenienti direttamente dal sole producono l'illuminazione spirituale, i raggi riflessi dagli altri pianeti contribuiscono al nostro sviluppo morale e a quello della nostra coscienza, e i raggi riflessi dalla luna stimolano la crescita fisica.

Come ogni pianeta può assorbire una certa quantità di uno o più colori secondo il suo grado generale di evoluzione, così ogni essere terrestre - minerale, pianta, animale o uomo - può assorbire e assimilare soltanto una certa quantità di raggi proiettati sulla terra. Il resto non lo colpisce e non produce su di lui alcuna sensazione, nello stesso modo in cui il cieco non ha coscienza della luce e del colore che esistono intorno a lui. Ogni essere è dunque colpito diversamente dai raggi stellari e la scienza astrologica si fonda su una verità fondamentale di natura, di grande beneficio per il progresso spirituale.

Dalla scrittura mistica di un oroscopo, possiamo individuare quali sono le qualità e le debolezze, come pure la migliore direzione da seguire per il nostro progresso; possiamo inoltre risalire alle tendenze degli amici del passato, che tornano a noi come bambini, alle loro inclinazioni latenti. In tal modo potremo assolvere meglio i nostri doveri di genitori soffocando il male prima che nasca e incoraggiando il bene, così da risvegliare i poteri spirituali dell'anima che ci è stata affidata.

Sappiamo che l'uomo torna sulla terra per raccogliere ciò che ha seminato nelle vite precedenti e per seminare di nuovo ciò che andrà a costruire la sua futura esperienza. Gli astri sono i custodi celesti del tempo e misurano gli anni, mentre la luna indica i mesi propizi per seminare o raccogliere.

Il bambino rappresenta per tutti un mistero: non possiamo conoscere le disposizioni di un individuo fino a quando non si siano a poco a poco sviluppate le sue caratteristiche, ma a quel punto è già troppo tardi per combattere le cattive abitudini acquisite e il fanciullo si trova così a camminare su un sentiero pericoloso. Un oroscopo basato sull'ora di nascita e calcolato in maniera scientifica mostra le tendenze buone e cattive del bambino e se uno dei genitori dedicherà tempo e fatica allo studio della scienza degli astri, gli renderà un servizio inestimabile, perché potrà incoraggiare le sue buone disposizioni e reprimere le cattive tendenze, prima che sia troppo tardi e si cristallizzino sotto forma di abitudini. Non è necessario essere un grande matematico per fare un tema astrologico, molti astrologi compilano un oroscopo in modo così complicato per cui diventa incomprensibile sia agli altri che a loro stessi, mentre un semplice schema di facile lettura può essere fatto da chiunque sappia addizionare e sottrarre ore e minuti. Questo metodo è stato descritto dettagliatamente in "Astrologia Scientifica Semplificata" (3).

Pertanto, tutti i genitori che abbiano a cuore la felicità dei propri figli, dovrebbero imparare l'astrologia e anche se la loro abilità non può essere paragonata a quella di un astrologo professionista, la conoscenza intima del bambino e l'interesse più profondo compenseranno questa lacuna e permetteranno loro di conoscere più a fondo il carattere del piccolo.

EDUCAZIONE DEI BAMBINI

La nascita dei diversi veicoli esercita una grande influenza sulla vita, a partire da questo momento fino al settimo anno, le linee di crescita del Corpo Fisico sono già determinate. Come abbiamo appreso che il suono è costruttore delle cose grandi e piccole, è quindi facile comprendere che il ritmo abbia una grande influenza sulla crescita del piccolo organismo del bambino.

L'apostolo Giovanni, nel primo capitolo del suo Vangelo, esprime questo concetto mistico con delle meravigliose parole: "In principio era il *verbo*...e senza di Lui nulla è stato fatto... e il Verbo si è fatto carne". Il Verbo è un suono ritmato, pronunciato dal Creatore, che risuonò in tutto l'universo e riunì milioni di atomi nell'infinità di forme che vediamo intorno a noi. La montagna, la margherita, il topolino e l'uomo sono incarnazioni di questo grande Verbo cosmico che continua a vibrare in tutto l'universo e non cessa di costruire, benché le nostre orecchie non lo percepiscano. Malgrado la nostra insensibilità a questa meravigliosa sonorità celeste, noi possiamo utilizzare la musica terrestre per agire sul piccolo corpo del bambino. Certe canzoncine infantili spesso non hanno alcun senso, ma sono ritmate, e contribuiscono a fare entrare nella vita del bambino la musica, fondamentale per il suo sviluppo fisico. È quindi salutare che il bambino impari a ripetere spesso queste canzoni, cantando e ballando.

Due parole d'ordine si applicano a questo periodo, per il bambino *imitazione,* per i genitori *esempio*. Nessuna creatura è in grado di imitare più del bambino, e la sua futura condotta dipenderà moltissimo dagli esempi che gli sono stati proposti dai genitori. È inutile dire al bambino che ciò non lo riguarda, poiché egli non ha l'intelligenza per discernere, ma segue la tendenza naturale come l'acqua scende da una montagna, ed imita quello che vede. Ecco perché i genitori devono senza sosta tener sempre presente il fatto di essere osservati e studiati per poi essere imitati.

È molto importante che gli abiti siano ampi, specie quelli dei bambini, perché gli abiti stretti provocano dei vizi che spesso durano tutta la vita.

Se si cercasse di estrarre forzatamente un bimbo dalla matrice protettiva della madre, si potrebbe provocare la morte del bambino, non ancora in grado di subire il contatto con il Mondo Fisico esterno. Nei periodi settenari che seguono la nascita, i veicoli invisibili si trovano ancora nel seno di Madre Natura. Se insegniamo ad un bambino di pochi anni a ricordare o a pensare, o se stimoliamo sentimenti ed emozioni, lo costringiamo ad uscire dal seno protettivo della Natura, cosa che è, sotto certi aspetti, disastrosa quanto una nascita forzata e prematura. Di solito i bambini prodigio diventano uomini o donne al di sotto della media. Non dobbiamo impedire al bambino di imparare a pensare di sua *propria volontà*, ma non dobbiamo neppure stimolarlo in modo eccessivo come fanno alcuni genitori per soddisfare il proprio orgoglio.

Quando a sette anni si forma il Corpo Vitale, ha inizio un nuovo periodo di crescita e comincia a stabilirsi un nuovo mondo di relazioni fra genitori e bambino. Lo possiamo definire in due parole: *autorità* e *disciplina*. In quel periodo, si impartiscono al fanciullo certi insegnamenti che egli accetta fidandosi dell'autorità degli istruttori, a casa o a scuola, e siccome la memoria è una facoltà del Corpo Vitale, può trattenere ciò che ha appreso. È ora particolarmente in grado di essere istruito perché non ha idee preconcette che gli impediscono, come invece succede per gli adulti, di accettare nuovi punti di vista. Alla fine di questo secondo periodo, dai dodici ai quattordici anni circa, il Corpo Vitale è sviluppato e il fanciullo ha raggiunto la pubertà. A quattordici anni si forma il Corpo del Desiderio ed ha inizio l'affermazione di se stesso. Nei suoi primi anni, il bambino si considera piuttosto come un membro della famiglia ed è subordinato ai desideri dei genitori più di quanto non lo sarà a quattordici anni, e la ragione è questa: nella gola e nel feto del bambino si trova una ghiandola chiamata timo, assai grande prima della nascita, che diminuisce gradualmente durante gli anni dell'infanzia per sparire infine ad un'età che varia a seconda delle caratteristiche del bambino. Gli anatomisti si interrogano riguardo la funzione di questo organo e non sono ancora giunti a una conclusione definitiva, ma si ritiene che, prima dello sviluppo delle ossa, dal midollo rosso, il bambino non sia in grado di fabbricare il sangue e, di conseguenza, la ghiandola timo contenga un'essenza fornita dai genitori dalla quale il bambino attinge durante l'infanzia e l'adolescenza fino a quando non sarà capace di produrre da solo il sangue. Questa teoria è pressoché esatta, infatti finché il sangue dei genitori scorre nel bambino, questi si considera come un elemento della famiglia e non come un Ego distinto, ma non appena comincia a produrre il proprio sangue, l'Ego si afferma e prende possesso della propria identità. Giunge allora l'età critica in cui i genitori raccolgono quanto hanno seminato. La mente non è ancora nata, nulla tiene in scacco la natura-desiderio, e tutto dipenderà dal modo in cui il bambino è stato educato e dagli esempi che ha ricevuto dai genitori. A questa svolta della vita, l'affermazione di sé, il sentimento dell'*"Io sono"* è più forte di qualsiasi altro momento e l'autorità deve essere sostituita dal *consiglio*. I genitori dovranno applicare la più grande tolleranza in quanto, in nessun periodo dell'esistenza, l'essere umano sente maggiormente il bisogno di simpatia quanto nel periodo dai quattordici ai ventun anni, quando la natura-desiderio è potente e non controllata.

È un crimine infliggere punizioni corporali ad un bambino qualunque sia la sua età. La forza non vince mai e, poiché i genitori sono più forti, devono avere sempre compassione per i più deboli. Il castigo corporale è particolarmente dannoso perché risveglia la natura passionale che non è controllata dal giovane.

Se percuotiamo un cane, ne distruggiamo presto lo spirito, lo trasformiamo in un animale stizzoso e subdolo. È deplorevole che alcuni genitori immaginino che la loro missione sia quella di fiaccare lo spirito dei loro figli sotto la legge del bastone. Nella razza umana il difetto più lampante è la mancanza di volontà, in qualità di genitori possiamo rimediare a questo male in larga misura guidando i nostri figli secondo le linee dettate dalla nostra ragione. Li aiuteremo ad essere realistici, a non abbandonarsi alle chimere, come molti di noi fanno. Perciò non picchiate mai un bambino; se la punizione è necessaria, toglietegli piuttosto qualche permesso.

A ventun anni la nascita della Mente trasforma il giovane o la giovane in un adulto completamente formato per iniziare la propria vita alla scuola dell'esperienza.

Abbiamo così seguito lo spirito umano nel ciclo vitale dalla morte alla nuova nascita, alla maturità; sappiamo che leggi immutabili lo governano ad ogni passo e che si trova sempre sotto la custodia dei Grandi e Gloriosi Ministri di Dio.

Note:
(1) Il libro non è pubblicato in Italia.
(2) Attualmente la legge fissa questa data a diciotto anni.
(3) Vedere il libro "Introduzione all'Astrologia Spirituale", edizioni Jupiter.

Riferimenti

Centro Italiano A.R.C.O. (Associazione Rosa-Crociana Oceanside)

Costituitosi nel 1973 e riconosciuto dalla Sede Centrale nel 1974, si propone di divulgare sul territorio nazionale gli Insegnamenti che i Fratelli Maggiori dell'Ordine Rosacroce hanno trasmesso a Max Heindel.
Tra le attività dell'A.R.C.O. rientrano la cura di alcuni corsi di studi rosacrociani, l'organizzazione di convegni e la pubblicazione della Rivista "Sentiero Rosacrociano" contenente articoli di Filosofia, Astrologia, Esoterismo, Storia, Scienza e altro.

Corsi:
1) Un Corso Preliminare di 12 Lezioni, basato sul testo "Cosmogonia dei Rosacroce" di Max Heindel.
2) Un Corso Supplementare di Filosofia in 40 Lezioni, attraverso il quale la filosofia Rosacrociana viene ampliata ed esaminata sotto diverse angolature.
3) Corso Biblico: Comprende 28 Lezioni ed insegna il modo per interpretare in chiave esoterica le Sacre Scritture.
4) Corso di Astrologia che si suddivide in tre parti.
   a) Un Corso Elementare di 26 Lezioni, nel quale viene insegnato il modo di erigere un tema natale e vengono fornite le basi dell'interpretazione astrologica.
   b) Un Corso Superiore di 12 Lezioni.
   c) Un Corso Superiore Supplementare di 13 Lezioni.

Sito Internet: www.rosacroce.it
Contatto Email: segreteria@rosacroce.it
Pagina Facebook: A.R.C.O. Associazione Rosacrociana Italiana

COLLEZIONE HEINDEL

Max Heindel
COSMOGONIA DEI ROSA-CROCE
Questo libro rappresenta una sintesi delle conoscenze necessarie a tutti coloro che aspirano ad una verità al di là delle apparenze.
Di grande interesse e sempre più attuale, anche alla luce degli avvenimenti che sconvolgono il nostro quotidiano, l'opera attraversa la dimensione cosmica dell'Universo affrontando argomenti come la genesi del cosmo, la legge di conseguenza, la reincarnazione, l'uomo e i corpi sottili, il Cristo e la sua missione, l'esistenza dopo la morte, l'iniziazione. È quindi con piacere che lo consegniamo ai lettori.

Max Heindel
MISTERI DELLA ROSA-CROCE
Il volume rende accessibile un patrimonio spirituale finora noto solo a pochi studiosi.
Attraverso le parole di Max Heindel, capostipite della Scuola Occidentale Rosacrociana, il lettore potrà venire a conoscenza degli elementi fondamentali del pensiero rosacrociano.
Il libro ripropone gli aspetti più importanti della responsabilità del singolo di fronte agli avvenimenti quotidiani e specifica gli sforzi necessari per "capire" la vita, ed esprimere le proprie potenzialità interiori.

Max Heindel
FRAMASSONERJA E CATTOLICESIMO
L'opera rivela le comuni origini delle due grandi correnti di pensiero dell'umanità: la Religione dei Figli di Set, obbedienti ma passivi, e la Scienza dei Figli di Caino, ribelli ma ingegnosi.
Il lettore troverà numerose informazioni che lo guideranno sul sentiero che porta allo sviluppo spirituale dell'Iniziazione.Un intero capitolo è dedicato all'alchimia.

Max Heindel
IL CIELO SOPRA NATALE
Il libro tratta a fondo il mistero del Natale cercando di inquadrare in una nuova luce l 'avvenimento che si ripete ogni anno.
Opera piacevole e scorrevole, presenta concetti originali la cui comprensione apporta la conoscenza di antiche verità della tradizione misteriosofica.

Max Heindel
IL MESSAGGIO DELLE STELLE
Questo libro tanto atteso è uno strumento indispensabile per approfondire la conoscenza del carattere mediante lo studio della carta natale. L'autore, utilizzando la propria esperienza personale e i doni di chiaroveggenza, ha approfondito e interpretato l'aspetto esoterico di questa disciplina in modo ampio ed esauriente. Grazie a numerosi esempi ampiamente commentati, lo studente sarà agevolato nella comprensione della materia.
Nella prima parte del libro viene trattata l'astrologia natale, nella seconda vengono presentati numerosi grafici particolari di astrologia medica.

Max Heindel
MISTERI DELLE GRANDI OPERE
Presso alcuni popoli le antiche leggende hanno costituito per più generazioni un

prezioso patrimonio culturale.
Spesso contenevano un profondo significato esoterico che non poteva essere compreso, ma che parlava al subconscio degli esseri umani.
Questo libro dà una interpretazione degli insegnamenti celati nelle grandi leggende, costituendo per il lettore un importante aiuto al fine di progredire nella propria evoluzione individuale.

Max Heindel
LA PASQUA NELL'ESOTERISMO D'OCCIDENTE
Quest'opera esprime l'essenza dell'insegnamento esoterico d'occidente relativa alla figura del Cristo. A differenza della Saggezza orientale, quella occidentale presenta il Cristo come incarnazione della suprema divinità estranea alla nostra evoluzione umana.

Max Heindel
LE ENTITÀ DEI MONDI INVISIBILI
È di grande attualità nell'ambito editoriale "l'angelomania"; tema questo che ha incontrato tra il pubblico un vasto interesse in quanto rispecchia una reazione universale all'enigma del mistero.
Questo libro, costituito da una raccolta di lezioni rosacrociane serie e rigorose, offre l'opportunità di avvicinarsi ad una visione più ampia dei mondi superfisici e delle entità che vi risiedono.
A tale scopo il testo riunisce numerosi interventi che sottolineano la giusta considerazione che tale argomento richiede.

Max Heindel
ASTRODIAGNOSI
Il libro è composto da una serie di lezioni di Astrodiagnosi e di Astroterapia scelte dagli autori fra i numerosi casi trattati nel reparto di guarigione di Oceanside e inviate come lezioni mensili agli studenti della Filosofia Rosacrociana. Si fonda su sani principi di interpretazione astrologica e propone attitudini terapeutiche semplici e naturali.
È indirizzato agli astrologi e a coloro che esercitano una professione medica, nella speranza di poter unire astrologia e medicina, per una cura più efficace dei malati.

Max Heindel
SALUTE e GUARIGIONE
L'autore offre in questo libro i frutti delle sue ricerche sulle cause profonde dei disturbi psicosomatici, ottenute anche grazie al suo dono di chiaroveggenza. Egli espone le basi spirituali di tutta una dieta sana e di un'igiene di vita, indispensabili per recuperare o conservare la salute.
Descrive inoltre il metodo della Rosa-Croce per venire in aiuto agli ammalati. L'opera costituisce un apporto indispensabile per coloro che sono interessati alla guarigione.

Max Heindel
FILOSOFIA ROSA-CROCE vol. 1 e vol. 2
In questi libri Max Heindel risponde a numerose domande che gli sono state rivolte al termine delle sue conferenze o in altre occasioni.
Gli argomenti trattati sono i più vari: l'esistenza dopo la morte, la reincarnazione, l'astrologia, la salute e la malattia, il matrimonio ed i figli, l'iniziazione, gli insegnamenti biblici, ecc.
Le risposte consentono al lettore di approfondire la filosofia Rosa-Croce e lo invitano a riflettere sulla dimensione spirituale dell'esistenza.

Max Heindel
L'INIZIAZIONE ANTICA E MODERNA
Questo libro è un aiuto inestimabile per coloro che vogliono prepararsi ad attraversare coscientemente la porta dell'Iniziazione.
L'Iniziazione Antica, vissuta ai tempi dell'Antico Testamento, viene spiegata simbolicamente con il "Tabernacolo nel Deserto". Ugualmente, l'Iniziazione Moderna, attraverso le tappe della vita di Gesù Cristo, ci svela il vero cammino dell'evoluzione spirituale.

Max Heindel
LETIERE AGLI STUDENTI
Quest'opera raccoglie le lettere mensili che il fondatore della Fraternità Rosacrociana ha inviato ai suoi studenti tra il 1910 e il 1919.
Le lettere riflettono i sentimenti benevoli di Max Heindel verso gli studenti dell'esoterismo cristiano e la preoccupazione costante di incitare ciascuno ad applicare la Filosofia Rosacrociana nella vita quotidiana con amore e discernimento.
I suoi consigli e le sue riflessioni, sempre di attualità, hanno un grande valore per tutti coloro che desiderano progredire sul cammino dello sviluppo spirituale.

Max Heindel
LA TRAMA DEL DESTINO
In questo libro l'autore, chiaroveggente positivo, presenta il risultato delle sue ricerche sulle vite anteriori di numerose persone che si sono rivolte a lui, dimostrando quanto siamo responsabili del nostro destino presente e futuro.
Gli insegnamenti che espone non sono frutto di speculazioni metafisiche ma realtà tangibili, verificabili non appena sarà sviluppato il potere latente che si trova in ciascuno di noi.
In questa ottica, il lettore accorto saprà trarre vantaggio dalle lezioni spirituali che vi sono contenute.

Max Heindel
INSEGNAMENTI DI UN INIZIATO - Vol. 1
Questo libro completa l'opera più importante di Max Heindel, la "Cosmogonia del Rosacroce" e accoglie gli ultimi Insegnamenti di un grande Iniziato sull'Ordine dei Rosa+Croce, sull'evoluzione animica e lo sviluppo spirituale.
La sua lettura risulterà pertanto particolarmente interessante sia per chi è già impegnato a percorrere il sentiero spirituale, sia per i lettori che sono alla ricerca di conforto spirituale che infonda serenità e guidi verso una maggiore consapevolezza.

Max Heindel
INSEGNAMENTI DI UN INIZIATO - Vol 2
Le pagine di questo libro possono essere considerate come vere e proprie rivelazioni di un iniziato. Esse sono, infatti, frutto di una intera vita di ricerca e di lavoro spirituale che l'Autore ha condotto in favore e al servizio dell'umanità.
La prima pubblicazione di tali scritti venne curata dalla sede centrale della Fraternità Rosacrociana con il titolo "Spigolature di un Mistico".
Le lettere contenute nel libro esaminano e chiariscono molti argomenti spirituali e certamente risulteranno di grande utilità sia a coloro che cercano di seguire il sentiero spirituale, sia ai lettori che, più semplicemente, sono alla ricerca di maggiore consapevolezza.

www.ingramcontent.com/pod-product-compliance
Ingram Content Group UK Ltd.
Pitfield, Milton Keynes, MK11 3LW, UK
UKHW041822200726
13854UKWH00001BA/491

9 791280 216021